C.H.BECK WISSEN

Mit 4 Karten

1. Auflage. 2016
2. Auflage. 2018

3., aktualisierte Auflage. 2020

Originalausgabe

www.chbeck.de
Satz: C.H.Beck.Media.Solutions, Nördlingen
Druck und Bindung: Druckerei C.H.Beck, Nördlingen
Reihengestaltung Umschlag: Uwe Göbel (Original 1995, mit Logo),
Marion Blomeyer (Überarbeitung 2018)
Printed in Germany
ISBN 978 3 406 74316 0

myclimate

klimaneutral produziert
www.chbeck.de/nachhaltig

Inhalt

I. Einführung

Der Kern des Nahostkonflikts, also des israelisch-arabischen Konflikts, ist die Auseinandersetzung zwischen Israelis und Palästinensern. Die Berichterstattung darüber gehört seit Jahrzehnten zum Standardrepertoire in unseren Nachrichten. Die Meldungen wiederholen sich: Es geht um Selbstmordattentate, Siedlungsbau, Grenzstreitigkeiten, Hauszerstörungen, militärische Zusammenstöße und um Verhandlungen, die nicht enden oder gar nicht erst beginnen wollen.

Die internationale Aufmerksamkeit rührt daher, dass der Nahe Osten das Zentrum dreier Weltreligionen ist. In Jerusalem befinden sich zentrale Heilige Stätten von Judentum, Islam und Christentum. Auch sind die Entwicklungen im «Heiligen Land» schon seit Jahrhunderten eng mit denen in Europa verknüpft: Für die europäischen Herrscher war die «Befreiung Jerusalems von der muslimischen Fremdherrschaft» seit dem späten 11. Jahrhundert ein wichtiges Ziel der Kreuzzüge. Die jüdische Einwanderung nach Palästina ab Ende des 19. Jahrhunderts war eine Folge von Nationalismus, Antisemitismus und Pogromen in Europa und Russland. Im 19. Jahrhundert entwickelte sich der Nahe Osten zunehmend von einer randständigen Region des Osmanischen Reichs zum Schauplatz von Rivalitäten der europäischen Großmächte Frankreich und England. Die Judenverfolgung der Nationalsozialisten stärkte die internationale Akzeptanz für die Etablierung des Staates Israel. Im Kalten Krieg suchten die USA und die Sowjetunion durch Unterstützung von Partnern nicht nur in Europa, sondern auch in der Region ihre Einflusssphären auszuweiten. Und selbst heute wird Israel oft als Repräsentant des «Westens» in einer muslimisch geprägten Umgebung gesehen.

1. Schlüsselkonflikt im Nahen und Mittleren Osten?

Über lange Zeit ist der Nahostkonflikt als Schlüsselkonflikt im Nahen und Mittleren Osten, also in den Ländern des südlichen und östlichen Mittelmeerraums sowie der arabischen Halbinsel, dargestellt worden. Erst die Lösung des Konflikts zwischen Israelis und Palästinensern, so die weit verbreitete Annahme, würde die Lösung anderer Konflikte in der Region ermöglichen. Dass diese Annahme jedoch nicht trägt, wurde nicht zuletzt im Zuge des Ende 2010 beginnenden Arabischen Frühlings deutlich: Bei den Protestbewegungen und Aufständen spielte die Palästinafrage keine Rolle. Vielmehr ging es den Protestierenden um ein Leben in Würde, um ein Ende von Polizeiwillkür, Korruption und Vetternwirtschaft sowie um politische Teilhabe und sozioökonomische Perspektiven.

Der Nahe und Mittlere Osten ist durch mehrere zwischen- und innerstaatliche Konflikte geprägt, die sich überlagern und gegenseitig verstärken. Dabei stand im sogenannten Arabischen Kalten Krieg der 1950er- bis 1980er-Jahre die Systemkonkurrenz zwischen sozialistisch orientierten Republiken und konservativen Monarchien – insbesondere zwischen Ägypten und Saudi-Arabien – im Vordergrund. Heute ist es vor allem der Hegemonialkonflikt am Persischen Golf zwischen Iran und Saudi-Arabien, der die Region dominiert. Zusätzlich gibt es eine Reihe von Konflikten, die sich diesen Großkonflikten nicht zuordnen lassen, etwa der Westsahara-Konflikt.

Durchweg haben aber politische Führungen in der Region die Palästina-Frage bzw. den Nahostkonflikt als Mittel zur Mobilisierung der Bevölkerung und als Legitimation für die Durchsetzung ihrer Interessen eingesetzt. So präsentiert sich der Iran als Vorreiter des «anti-zionistischen Widerstands» und unterstützt mit der Hamas und dem Islamischen Dschihad in Palästina und der Hisbollah im Libanon bewaffnete Gruppierungen finanziell sowie durch Training und Waffenlieferungen. Zugleich hat der Kriegszustand mit Israel arabischen Herrschern über lange Zeit eine willkommene Rechtfertigung für die Aufrechterhaltung autoritärer Systeme geboten: für ein jahrzehntelanges Andauern des Ausnahmezustandes, unter dem politische Rechte und Bürgerrechte empfindlich eingeschränkt waren, für überdimensionierte Armeen und Sicherheitsapparate und für eine Bevorzugung von Verteidigungsausgaben gegenüber Ausgaben für die Verbesserung der Lebensbedingungen.

Vor dem Hintergrund eines zunehmenden Einflusses des Iran in der Region seit der US-geführten Irak-Invasion 2003 bildete sich eine Annäherung der Interessen und eine immer offener zutage tretende Kooperation zwischen Saudi-Arabien und den kleineren arabischen Golfmonarchien auf der einen und Israel auf der anderen Seite heraus. Diese Staaten sind die größten Gegner des im Juli 2015 erzielten Atomabkommens zwischen Iran und der internationalen Gemeinschaft. Gleichzeitig verbietet es sich für die Golfstaaten, diese Interessenskonvergenzen mit Israel in eine vollständige Normalisierung münden zu lassen, solange Israel arabische Territorien besetzt hält.

Damit hat der israelisch-arabische Konflikt wiederum Einfluss auf Dynamiken in der gesamten Region des Nahen und Mittleren Ostens. Nicht zuletzt wird der Konflikt durch bewaffnete Gruppierungen – früher in erster Linie säkulare, heute vor allem islamistische oder dschihadistische – zur Rekrutierung von Kämpfern genutzt, unter dem Vorwand der Solidarität mit den Palästinensern bzw. der Befreiung der Heiligen Stätten. Zudem bilden palästinensische Flüchtlinge in vielen Ländern der Region eine große Bevölkerungsgruppe und haben gesellschaftlichen Einfluss. Denn die Mehrzahl der rund 5,4 Millionen palästinensischen Flüchtlinge, die heute beim UN-Hilfswerk registriert sind, lebt in den drei Nachbarstaaten Israels, also im Libanon, in Jordanien und in Syrien. Dabei machen die Flüchtlinge im Libanon über 10 Prozent und in Jordanien sogar über 30 Prozent der Gesamtbevölkerung aus. Hinzu kommen vor allem in Jordanien die Flüchtlinge des Krieges von 1967. In beiden Ländern bestand und besteht die Sorge, dass die Flüchtlinge die Bevölkerungszusammensetzung so verändern, dass das jeweilige demographische Gleichgewicht, auf dem die politische Ordnung beruht, gestört wird. Außerdem konnten Palästinenser auch in den arabischen Golfstaaten in den vergangenen

Jahrzehnten nicht unerheblichen gesellschaftlichen Einfluss entfalten. Denn viele fanden dort, nicht zuletzt im Bildungssektor, ein Auskommen.

Der Palästinensischen Befreiungsorganisation (Palestine Liberation Organization, PLO) wurde in der Vergangenheit vorgeworfen, in den Ländern, in den sie ihren Sitz aufnahm, einen «Staat im Staate» zu errichten. Dies führte in Jordanien und im Libanon zu bewaffneten Auseinandersetzungen. Der PLO wird dabei auch eine Mitverantwortung für den Ausbruch des libanesischen Bürgerkriegs zugeschrieben. Infolgedessen musste die PLO ihr Hauptquartier 1971 von Amman nach Beirut und 1982 von Beirut nach Tunis verlegen.

Aus all dem ist ersichtlich: Der Nahostkonflikt ist nicht der Schlüsselkonflikt im Nahen und Mittleren Osten. Er hat aber in weiten Teilen der Region nach wie vor erhebliche Wirkungs- und Mobilisierungskraft.

2. Territoriale, ethnische und religiöse Dimensionen

Kern des Nahostkonflikts ist der israelisch-palästinensische Konflikt. Dieser bezieht sich nicht nur auf das Verhältnis zwischen Israel und den Palästinensern in den palästinensischen Gebieten, sondern hat – aufgrund der palästinensischen Minderheit – in Israel auch eine innenpolitische Komponente. Zudem ist er eng mit dem israelisch-arabischen Konflikt verknüpft, der sich seit der israelischen Staatsgründung 1948 im Wesentlichen zwischen Israel und seinen arabischen Nachbarstaaten Ägypten, Jordanien, Libanon und Syrien abspielt (s. Karte auf der vorderen Umschlaginnenseite), auch wenn andere Staaten der Region, etwa Irak, Saudi-Arabien und Iran, immer wieder direkt oder indirekt intervenierten. Der Konflikt hat auch dazu geführt, dass bis heute eine Normalisierung des Verhältnisses zwischen Israel und den anderen arabischen bzw. muslimisch geprägten Ländern aussteht. Dieses Buch setzt sich mit sämtlichen Konfliktdimensionen auseinander, der Schwerpunkt liegt aber auf dem palästinensisch-israelischen Konflikt.

Im Nahostkonflikt wirken mehrere Konfliktdimensionen zusammen, dies ist ein wesentlicher Grund, warum er so schwer zu lösen ist. So handelt es sich erstens um einen Territorialkonflikt: Von den Konfliktparteien wird Anspruch auf (zumindest zeit- und teilweise) dasselbe Gebiet erhoben. Der Streit über den Verlauf von Grenzen und die entsprechende Gebietshoheit ist deshalb von herausgehobener Bedeutung. Verbunden damit ist der Konflikt um Ressourcen. Dabei geht es insbesondere um die Zuteilung und Nutzung von Wasser, fruchtbarem Land, Steinbrüchen und Gasvorkommen im östlichen Mittelmeer.

Der Nahostkonflikt ist zweitens auch ein ethno-nationalistischer Konflikt: Zwei unterschiedliche ethnische Gruppen verfolgen jeweils konkurrierende nationale Bestrebungen. Die Juden haben ihr Anliegen bereits 1948 mit der Ausrufung des Staates Israel verwirklicht, während die nationale Selbstbestimmung der Palästinenser nach wie vor aussteht. Denn trotz wiederholter Proklamation eines palästinensischen Staates mangelt es ihnen an entsprechender effektiver Kontrolle und anerkannter Souveränität über ein Staatsgebiet.

Drittens besitzt der Nahostkonflikt eine religiöse Dimension: Die Konfliktparteien untermauern ihre Ansprüche auch religiös, also durch den Verweis auf göttliche Versprechen für ihr Volk. Die religiöse Aufladung in der Konfrontation zwischen Juden und Muslimen hat in den letzten Jahren zugenommen. Dies zeigt sich immer wieder auch in gewaltsamen Auseinandersetzungen um den Tempelberg bzw. den Haram al-Scharif in Jerusalem. Sie wird zudem durch die demographische Entwicklung befördert. Denn die am stärksten wachsende Bevölkerungsgruppe in Israel sind (ultra-)orthodoxe Juden. Zugleich verbreitet sich zunehmend auch unter säkularen, reformorientierten und konservativen Juden nationalreligiöses Gedankengut. Mit dem Erstarken der islamistischen Bewegung unter Palästinensern hat deren Rückgriff auf religiöse Argumentationsmuster ebenso zugenommen.

3. Rückkehr oder Landraub? Unabhängigkeit oder Katastrophe?

Der Nahostkonflikt geht mit scheinbar unvereinbaren Identitätskonstruktionen und gegensätzlichen Narrativen einher. Dies ist bereits im Zusammenhang mit dem ersten arabisch-israelischen Krieg von 1948 zu beobachten. Aus israelischer Sicht ist dieses Ereignis positiv besetzt, weil es mit der Staatsgründung und der erfolgreichen Verteidigung der nationalen Unabhängigkeit gegen die arabischen Armeen verbunden ist. Im Gegensatz dazu steht 1948 im kollektiven palästinensischen Gedächtnis für die Nakba (arabisch für «Katastrophe»), also die Flucht und Vertreibung von rund 700 000 Palästinensern und dem daraus resultierenden Flüchtlingsdasein.

Zuvor hatte der politische Zionismus die Errichtung eines jüdischen Staates im historischen Palästina mit der Devise «ein Land ohne Volk für ein Volk ohne Land» gerechtfertigt. Die in diesem Gebiet lebende arabische Bevölkerung wurde zwar nicht negiert, aber auch nicht als ein Hindernis für jüdische Einwanderung und Staatsgründung gesehen. Aufgrund der biblischen Verwurzelung des jüdischen Volkes in Eretz Israel (hebräisch für «das Land Israel») stellt die Einwanderung aus jüdischer Sicht eine Rückkehr dar. Doch auch die Palästinenser führen ihre Ansprüche auf ihre historische Verbundenheit mit dem Land und ihre ununterbrochene Präsenz dort zurück. Zudem habe Gott den Muslimen das Land als Stiftung anvertraut; ein Verzicht darauf würde daher gegen seinen Willen verstoßen. Palästinenser betrachten die jüdische Besiedlung als Landraub. Der Zionismus wird entsprechend als koloniale Bewegung gesehen. Dies hallte etwa 1975 in der Resolution 3379 der UN-Generalversammlung nach, die nach Mehrheitsentscheidung den Zionismus als eine Form des Rassismus bezeichnete.

Auch den Juni-Krieg von 1967 interpretieren Palästinenser und Israelis sehr unterschiedlich. In Israel erwuchs aus der Euphorie über den schnellen militärischen Sieg über die arabischen Nachbarstaaten – daher auch die Bezeichnung Sechs-Tage-Krieg – das Narrativ der militärischen Unbesiegbarkeit. Die Palästinenser dagegen sprechen hier von der Naksa (arabisch für «Rückschlag»), weil die arabischen Armeen keine Fortschritte bei der «Befreiung» des Landes erzielen konnten. Vielmehr begann mit dem militärischen Sieg Israels unter anderem die Besetzung des Westjordanlandes, des Gaza-Streifens und Ost-Jerusalems. Seinen Anspruch auf die eroberten palästinensischen Gebiete untermauerte Israel dadurch, dass es nicht vom Westjordanland, sondern von Judäa und Samaria sprach und damit die biblischen Begriffe benutzte. Die Eroberung (und spätere Annexion) des seit 1948 von Jordanien kontrollierten Ostteils von Jerusalem wurde als «Wiedervereinigung» gefeiert.

Außerdem existieren auf beiden Seiten unterschiedliche Vorstellungen darüber, was unter Frieden zu verstehen ist. Während für die Israelis Sicherheit und ein Ende aller arabischen Forderungen Priorität haben, geht es für die Palästinenser primär um ein Ende der Besatzung und eine gerechte Regelung der Flüchtlingsfrage. Konträre Deutungen finden sich auch im Hinblick auf die Legitimität von Gewaltanwendung – wer ist Freiheitskämpfer, Nationalheld, Märtyrer, Terrorist? – und die Ursachen für das Scheitern bisheriger Endstatusverhandlungen. So dominiert in Israel die Sichtweise, dass die Palästinenser im Jahr 2000 bei Verhandlungen in Camp David ein «großzügiges Angebot» abgelehnt und stattdessen mit dem «Terror» der Zweiten Intifada geantwortet hätten. Für die Palästinenser blieben die israelischen Vorschläge jedoch weit hinter ihren Minimalforderungen zurück. Sie hätten mit der Anerkennung einer Regelung auf Basis der Grenzen von 1967 bereits einen «historischen Kompromiss» gemacht. Weitere territoriale Zugeständnisse seien nicht möglich. Zudem hätten sie Israel bereits mit dem ersten Oslo-Abkommen 1993 anerkannt, ohne dass dies von israelischer Seite honoriert worden sei. Diese versuche vielmehr beständig, Verhandlungsergebnisse durch einseitige Maßnahmen (etwa Siedlungsbau) vorwegzunehmen. Der Ausbruch der Zweiten Intifada ist nach dieser Lesart vor allem eine Folge der mangelnden Kompromissbereitschaft Israels. In Israel wird sie hingegen auf die fehlende Friedens- und Kompromissbereitschaft der Palästinenser zurückgeführt.

II. Stationen des Nahostkonflikts

Der Nahostkonflikt ist nicht erst mit der Ausrufung des Staates Israel entstanden. Er geht vielmehr zurück auf die jüdische Einwanderung und Besiedlung des Gebiets seit dem späten 19. Jahrhundert, die zur Konkurrenz mit den ansässigen arabischen Einwohnern um das Land und seine Ressourcen führte. Die jüdische Einwanderung wiederum ist nur zu verstehen vor dem Hintergrund der Zunahme des Antisemitismus und der Pogrome gegen Juden in Europa und Russland und, in Reaktion darauf, der Entstehung des politischen Zionismus. Aber mit der Etablierung des Staates Israel veränderte sich die Auseinandersetzung insofern, als sie auch ein zwischenstaatlicher Konflikt wurde.

Auf der einen Seite hat sich der israelisch-arabische Konflikt seither in sechs internationalen Kriegen zwischen Israel und seinen arabischen Nachbarn (1948, 1956, 1967, 1973, 1982, 2006) sowie zwei Aufständen der Palästinenser gegen die israelische Besatzung (1987–1991 und 2000–2005) niedergeschlagen. Insbesondere die Zweite Intifada (arabisch für «Abschütteln») hat nicht nur zu einer massiven Gewaltanwendung in den besetzten palästinensischen Gebieten, sondern auch in Israel geführt. Dadurch sind in beiden Bevölkerungen große Zweifel am Friedenswillen der jeweils anderen Seite genährt worden. Zudem sind seit dem israelischen Abzug aus dem Gaza-Streifen im Sommer 2005 dort die Abstände zwischen gewaltsamen Auseinandersetzungen der israelischen Armee mit militanten palästinensischen Gruppierungen immer kürzer geworden, während das Ausmaß der Zerstörung und die Zahl der zivilen Opfer zugenommen haben.

Auf der anderen Seite gab es zwischen Israel und seinen Nachbarn von Anfang an immer wieder Bemühungen um eine Konfliktregelung und einen friedlichen Ausgleich. Seit den

1970er-Jahren wurden diese auch international vorangetrieben. Mit Ägypten 1979 und Jordanien 1994 schloss Israel Friedensabkommen, selbst wenn es ein «kalter Frieden» blieb, also nicht zu einer Aussöhnung zwischen den Bevölkerungen und einer Normalisierung der gesellschaftlichen und politischen Beziehungen führte. Vonseiten der anderen arabischen Staaten sowie der Mehrzahl der islamischen Länder steht eine Anerkennung Israels hingegen nach wie vor aus. Deshalb gibt es bisher auch keine normalen zwischenstaatlichen Beziehungen. Diese hängen – so ist es in der sogenannten Arabischen Friedensinitiative von 2002 (s. u., II. 5.) postuliert – in erster Linie von einer Regelung des israelisch-palästinensischen Konflikts ab.

Hier tritt allerdings ein Paradox zutage: Zwar hat sich in den letzten Jahrzehnten international eine Zweistaatenoption als Regelungsansatz durchgesetzt, der auch für die Konfliktparteien der Hauptbezugspunkt geworden ist. Gleichzeitig wird ihre Umsetzung aber immer schwieriger, da das für einen palästinensischen Staat zur Verfügung stehende Territorium durch den Bau von Siedlungen und Siedlungsinfrastruktur, die Isolierung Ost-Jerusalems von seinem Umland und die Errichtung der Sperranlagen im Westjordanland sowie die Abriegelung des Gaza-Streifens immer stärker zerstückelt wird. Zudem sind die palästinensischen Gebiete seit 2007 politisch gespalten: Während das Westjordanland von der Fatah (arabisches Akronym für «Bewegung zur Befreiung Palästinas») geführt wird, regiert im Gaza-Streifen die islamistische Hamas (arabisches Akronym für «Die Islamische Widerstandsbewegung»). Dementsprechend haben Israelis und Palästinenser die Hoffnung auf eine verhandelte Konfliktregelung weitgehend aufgegeben. Dabei unterstellen beide der jeweils anderen Seite, an einer friedlichen Koexistenz nicht wirklich interessiert zu sein. Damit ist der in Oslo 1993 ausgehandelte Ansatz der Konfliktregelung zunächst gescheitert. Der Konflikt befindet sich in einem Übergang mit unklarem Ausgang.

1. Hintergründe

Der politische Zionismus In den 1880er-Jahren begann die jüdische Einwanderung nach Palästina, das damals zur Provinz Damaskus des Osmanischen Reichs gehörte. In insgesamt fünf Einwanderungswellen (im Singular Alija, hebräisch für «Aufstieg») wanderten zwischen 1882 und 1939 insgesamt rund 380 000 Juden vor allem aus Europa und Russland bzw. der Sowjetunion ein.

Im Zusammenhang mit der ersten Einwanderungswelle entstand Ende des 19. Jahrhunderts in Europa der moderne politische Zionismus. Inspiriert durch den europäischen Nationalismus und vor dem Hintergrund des zunehmenden Antisemitismus und von Pogromen gegen Juden propagierte er die Errichtung einer jüdischen nationalen Heimstätte in Palästina als Alternative zur Assimilierung der Juden in den jeweiligen Gesellschaften. Herausragende Vertreter dieser Idee waren der Journalist Nathan Birnbaum, der 1890 den Begriff des Zionismus prägte, und der Publizist Theodor Herzl, der 1896 sein Manifest «Der Judenstaat» veröffentlichte und 1897 die Zionistische Weltorganisation mitbegründete. Sie verbanden die Absicht, eine moderne jüdische Gesellschaft zu errichten, mit der «Rückkehr» der Juden nach Zion – also in das Land, aus dem die Juden mit der Zerstörung des zweiten Tempels im Jahre 70 n. Chr. durch die Römer größtenteils vertrieben worden waren.

Doch das Gebiet, in das sie einwanderten und das später das britische Mandatsgebiet Palästina werden sollte, war keineswegs unbewohnt. Dort lebten 1882 rund 450 000 mehrheitlich muslimische Araber und rund 15 000 Juden (s. die Tabelle zur demographischen Entwicklung, S. 123). Die ansässigen Araber sahen das zionistische Projekt und die jüdische Einwanderung mit Misstrauen, konkurrierten die Neuankömmlinge doch um Bauland, fruchtbares Ackerland und Wasser und brachten ungewohnte kulturelle Eigenheiten mit sich. Auch der osmanische Sultan Abdülhamid II., die große Mehrheit des europäischen Judentums und die europäischen Großmächte unterstützen den Zionismus zunächst nicht.

Letzteres änderte sich, als das Osmanische Reich 1914 auf Seiten Deutschlands und Österreich-Ungarns in den Ersten Weltkrieg eintrat und sich damit schlagartig auch die Bedeutung Palästinas wandelte. Insbesondere die Briten versuchten, die lokale Bevölkerung und ihre Führer für ihre Zwecke einzuspannen, und machten dabei widersprüchliche Zusagen. So versprach der britische Hochkommissar in Ägypten, Sir Henry McMahon, dem Scherifen von Mekka, Hussein Ibn Ali, Unterstützung für ein unabhängiges arabisches Königreich und ermutigte einen arabischen Aufstand gegen die Osmanen. In der Balfour-Erklärung von 1917 sicherte der britische Außenminister Arthur James Balfour dem Zionisten Walter Rothschild hingegen die «Errichtung einer nationalen Heimstätte für das jüdische Volk in Palästina» zu, um von den britischen Juden finanzielle Unterstützung für die Kriegsführung zu erhalten. Noch im gleichen Jahr besetzten die Briten Jerusalem und wurden damit neben Frankreich zur zweiten europäischen Macht im Nahen Osten. Schon zuvor hatten sich die beiden Großmächte im geheimen Sykes-Picot-Abkommen von 1916 auf eine künftige Aufteilung der Provinzen des Osmanischen Reichs geeinigt. Palästina sollte dabei unter internationale Verwaltung gestellt werden. Die Aufteilung in Einflusszonen setzten die Siegermächte des Ersten Weltkriegs 1920 auf der Konferenz von San Remo um, allerdings ohne eine internationale Verwaltung für Palästina einzurichten: Großbritannien erhielt unter anderem den Auftrag zur Verwaltung Palästinas. Der Völkerbund bestätigte dieses Mandat 1922.

Auseinandersetzungen im britischen Mandatsgebiet Im britischen Mandatsgebiet Palästina spitzten sich indes die Auseinandersetzungen zwischen ansässiger Bevölkerung und Neueinwanderern zu, weil sich die Araber zunehmend ihrer Existenzgrundlagen beraubt sahen. In der Folge kam es zu einer Reihe von Aufständen, zunächst gegen die Siedlungen der Einwanderer, dann vor allem gegen die britische Besatzung, unter anderem im sogenannten Arabischen Aufstand 1936–1939. Dabei bildete sich unter den Arabern allmählich ein eigenes Nationalbewusstsein heraus, als Palästinenser verstanden sie sich zu diesem Zeitpunkt jedoch noch nicht. Ein trauriger Höhepunkt der arabischen Angriffe war das Massaker, bei dem im Sommer 1929 in Hebron 67 Juden ermordet wurden.

Um eine weitere Eskalation zu vermeiden, schränkte Großbritannien ab 1939 – trotz der nationalsozialistischen Judenverfolgung – die Einwanderung von Juden nach Palästina radikal ein. Danach entschieden sich auch einzelne jüdische Gruppierungen ab 1940 für den gewaltsamen Widerstand gegen die Mandatsmacht. Auf einer Konferenz im Mai 1942 im New Yorker Hotel Biltmore beschlossen Vertreter zionistischer Organisationen aus den USA, Europa und Palästina, unter ihnen der spätere erste Premierminister Israels, David Ben Gurion, die Kriegsziele der Anti-Hitler-Koalition zu unterstützen. Gleichzeitig forderten sie, die jüdische Einwanderung nach Palästina zuzulassen sowie, nach Ende des Zweiten Weltkriegs, die Gründung eines jüdischen Staates in ganz Palästina. Zwischen 1939 und 1945 flohen trotz der britischen Politik rund 80000 Juden vor der nationalsozialistischen Verfolgung und Vernichtung nach Palästina.

Mit Ende des Zweiten Weltkriegs spitzten sich sowohl der jüdisch-arabische Konflikt als auch die Angriffe auf die Briten zu. Die Briten baten schließlich die neu gegründeten Vereinten Nationen (UN) um Vermittlung. Ein UN-Sonderausschuss (United Nations Special Committee on Palestine, UNSCOP) wurde eingesetzt, um Lösungsvorschläge zu erarbeiten. Dieser sprach sich letztlich mehrheitlich für die Teilung Palästinas in zwei Staaten aus. Der Plan der UN sah die Beendigung des britischen Mandats und, basierend auf den jeweiligen Hauptsiedlungsgebieten, einen jüdischen und einen arabischen Staat vor, die in einer Wirtschaftsunion verbunden sein sollten. Dabei sollte der jüdische Staat 56 Prozent des Gebiets umfassen, der arabische Staat 43 Prozent. Juden stellten zu diesem Zeitpunkt rund 30 Prozent der Bevölkerung dar, Araber rund 70 Prozent. Dem jüdischen Staat wurden auch Gebiete zugesprochen, in denen die arabische Bevölkerung in der Mehrheit war (s. Karte S. 20). Für den Großraum Jerusalem mit seinen Heiligen Stätten sollte es ein spezielles internationales Regime als sogenanntes Corpus Separatum geben (s. Kapitel III.3). Dieser Teilungsplan wurde von der UN-Generalversammlung im November 1947 als Resolution 181 (II) unter anderem gegen die Stimmen der arabischen Mitgliedsländer angenommen.

2. Die israelische Staatsgründung und ihre Folgen

Am 14. Mai 1948 endete das britische Mandat über Palästina, und der Ministerpräsident der provisorischen Regierung Ben Gurion verlas die Unabhängigkeitserklärung des Staates Israel. Der folgende Krieg ging wie alle weiteren arabisch-israelischen Kriege mit zwei Namen in das regionale Geschichtsbewusstsein ein: als Unabhängigkeitskrieg bei den Israelis, als Nakba (arabisch für «Katastrophe») bei den Arabern. Die Ergebnisse dieses ersten arabisch-israelischen Krieges veränderten die nahöstliche Landkarte grundlegend, und sie bestimmen bis heute die Konturen des Territorialkonflikts sowie einer möglichen Friedensregelung.

Der Unabhängigkeitskrieg oder die Nakba Die Führungen der arabischen Länder standen unter dem Druck der dortigen öffentlichen Meinung, die eine Teilung des historischen Palästina und die Entstehung eines Staates jüdischer Siedler nicht hinnehmen wollte. Sie lehnten deshalb den UN-Teilungsplan ab. Gleichzeitig waren sie aber militärisch zu schwach, um die Gründung Israels zu verhindern. Der offene Krieg brach im Mai 1948 mit dem Abzug der britischen Mandatsmacht und der Ausrufung des Staates Israel aus. Eine Allianz von fünf Staaten (Ägypten, Irak, Jordanien, Libanon und Syrien) griff den jungen Staat an, saudische Truppen kämpften als Teil des ägyptischen Kontingents. Die Nachbarstaaten versuchten jeweils Teile des Gebiets unter ihre Kontrolle zu bringen.

Die israelische Führung hatte den Teilungsplan zwar akzeptiert, betrachtete die darin vorgesehenen Grenzen aber spätestens mit Beginn des Krieges als hinfällig. Im Laufe der militärischen Auseinandersetzungen eroberten die israelischen Truppen

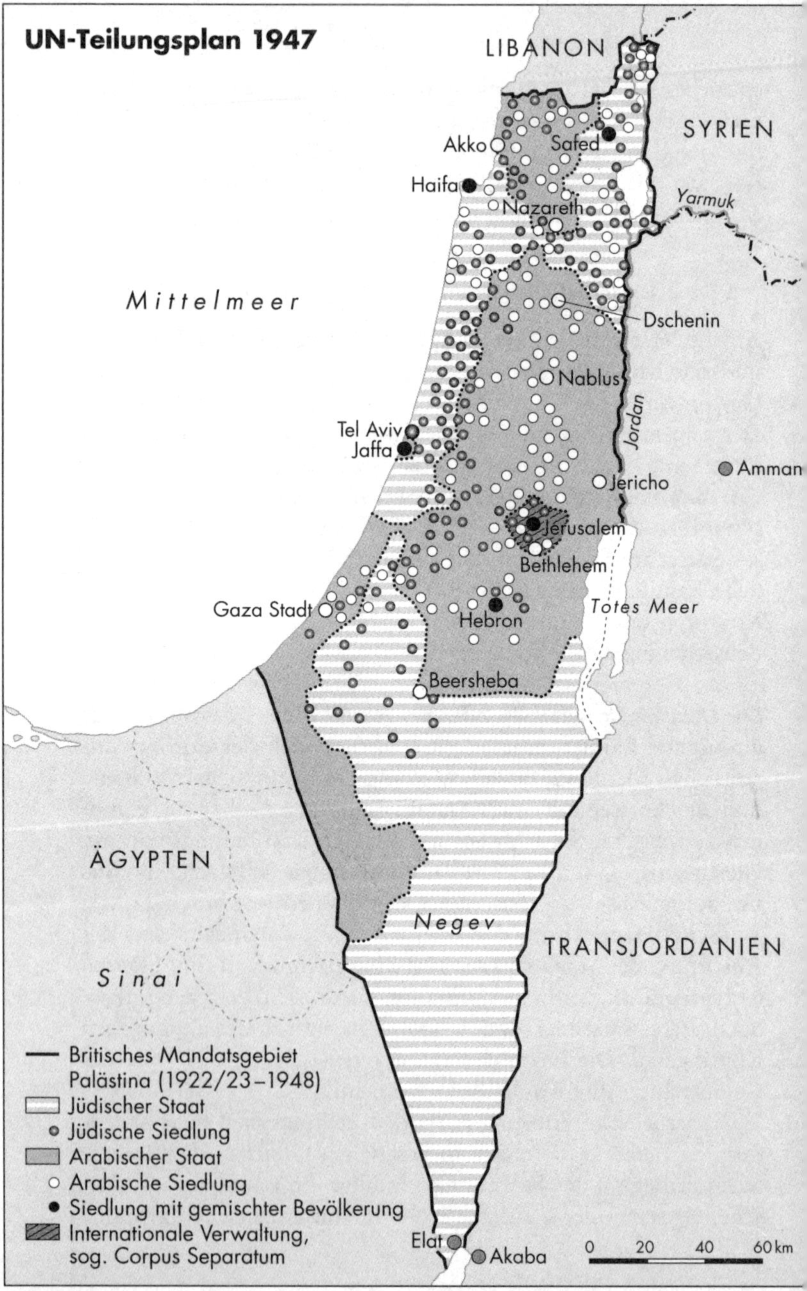
UN-Teilungsplan 1947
LIBANON
SYRIEN
Akko
Safed
Haifa
Nazareth
Yarmuk
Mittelmeer
Dschenin
Nablus
Jordan
Tel Aviv
Jaffa
Amman
Jericho
Jerusalem
Bethlehem
Gaza Stadt
Totes Meer
Hebron
Beersheba
ÄGYPTEN
Negev
TRANSJORDANIEN
Sinai
Britisches Mandatsgebiet Palästina (1922/23–1948)
Jüdischer Staat
Jüdische Siedlung
Arabischer Staat
Arabische Siedlung
Siedlung mit gemischter Bevölkerung
Internationale Verwaltung, sog. Corpus Separatum
Elat
Akaba
0 20 40 60 km

das seither weithin international als Staatsgebiet Israels anerkannte Territorium innerhalb der sogenannten Grünen Linie. Jordanien eroberte das Westjordanland einschließlich Ost-Jerusalems, das es 1950 annektierte. Ägyptische Truppen besetzten den Gaza-Streifen, der dann unter ägyptische Verwaltung gestellt wurde. Syrien machte Geländegewinne an der Golan-Front. 1949 schlossen Israel und seine Nachbarstaaten unter Vermittlung der UN bilaterale Waffenstillstandsabkommen, die das militärische Ergebnis im Prinzip bestätigten. Ein Friedensschluss erfolgte allerdings nicht, da die arabischen Staaten direkte Verhandlungen mit Israel ablehnten. Mit der United Nations Truce Supervision Organization (UNTSO), die zunächst Waffenruhen, dann die Waffenstillstandsabkommen und Truppenentflechtungen überwachen sollte, wurde 1948 die erste Nahostmission der UN eingesetzt.

Die Araber konnten Israel weder vernichten noch zurückdrängen. Die arabische Niederlage hatte Rückwirkungen auf die gesamte Region. Einerseits machte sie Israel zu einem von seiner Umgebung zwar nicht anerkannten, aber faktischen Akteur im Nahen Osten. Andererseits entstand mit der Vertreibung und Flucht eines großen Teils der im israelischen Staatsgebiet ansässigen palästinensischen Bevölkerung ein Konfliktgegenstand, der bis heute keine Lösung gefunden hat. Während nach Angaben der UN rund 700 000 Palästinenser flohen oder vertrieben wurden, verblieben nach den Angaben des israelischen Statistikbüros (auf Basis des Zensus von 1948 und einer weiteren Registrierung von 1949, bei denen 13 000–15 000 Beduinen nicht mitgezählt wurden) rund 150 000 Palästinenser in Israel. Sie und ihre Nachkommen bilden heute die Minderheit der palästinensischen Israelis, die rund 20 Prozent der Gesamtbevölkerung umfasst. Die Anwesenheit Hunderttausender palästinensischer Flüchtlinge nicht nur in den Nachbarstaaten Israels, vor allem in Jordanien und dem Libanon, sondern auch in entfernten arabischen Ländern, wie dem Jemen, den Golfmonarchien, dem Irak oder Tunesien, trug zudem wesentlich dazu bei, dem israelisch-palästinensischen Konflikt eine gesamtarabische gesellschaftliche und politische Dimension zu geben. Im Dezem-

Grüne Linie

Die Waffenstillstandslinien von 1949 zwischen Israel und seinen arabischen Nachbarn, die nach dem ersten israelisch-arabischen Krieg ausgehandelt wurden, werden als «Grüne Linie» bezeichnet, da sie ursprünglich mit grünem Stift in die Karte eingezeichnet wurden. Das international anerkannte Staatsgebiet Israels befindet sich innerhalb der Grünen Linie. Die Grüne Linie wird oft auch als die «Grenzen von 1967» bezeichnet – gemeint sind damit die Grenzen am Vorabend des 1967er Kriegs, also vor der Besetzung der palästinensischen Gebiete, der Golanhöhen und des Sinai durch Israel. Die Grüne Linie ist in der Regel der Bezugspunkt in Friedensverhandlungen.

ber 1949 wurde das UN-Hilfswerk für Palästinaflüchtlinge (United Nations Relief and Works Agency for Palestine Refugees in the Near East, UNRWA) eingesetzt.

Für Israel entwickelte sich aus dem Unabhängigkeitskrieg ein Gründungsmythos – oft dargestellt durch das Bild von David gegen Goliath –, der vor allem als Gründungstrauma wirkte: die ständige Bedrohung durch eine Überzahl von Feinden, die schon den entstehenden Staat zerstören wollten und ihm jegliche Legitimität abstritten. In diesem Zusammenhang spielt auch die historische Festung Masada zwischen Totem Meer und judäischer Wüste eine wichtige Rolle für das Selbstverständnis. Dort wurden nach der Zerstörung des zweiten Tempels im 1. Jahrhundert n. Chr. Juden monatelang von einer großen Zahl römischer Soldaten belagert. Sie hielten der Belagerung lange Zeit stand und begingen letztlich Selbstmord, um den Römern nicht in die Hände zu fallen. Masada steht damit für den Freiheitswillen des jüdischen Volkes, das sich von einer Übermacht bedroht sieht. «Masada darf nie wieder fallen» ist ein weit verbreiteter Leitspruch im israelischen Diskurs, der – neben der Erfahrung der Shoa – das Prinzip der Wehrhaftigkeit des Landes begründet.

Suez-Krieg oder Trilaterale Aggression 1956 Bis Mitte der 1950er-Jahre versuchten ägyptische, syrische und vor allem jordanische Führer, mit der israelischen Regierung ins Gespräch zu kommen, wobei aus innenpolitischen Gründen solche Bemühungen geheim blieben. Die Führungen waren allesamt politisch zu schwach, um sich gegen den Widerstand eines großen Teils der eigenen politischen und militärischen Eliten zu stellen, die eine faktische Anerkennung Israels ablehnten. Zudem war die israelische Führung an einer Friedensregelung nicht interessiert, die eine Entschädigung palästinensischer Flüchtlinge oder deren Rückkehr mit sich gebracht und die Grenzen Israels festgelegt hätte. Daher verliefen diese frühen Bemühungen um eine arabisch-israelische Konfliktregelung im Sande.

Als Israel sich 1956 am Angriff Großbritanniens und Frankreichs auf Ägypten – in der arabischen Lesart die «trilaterale Aggression» – beteiligte, führte dies zum Suez- bzw. Sinai-Krieg. Britische und französische Truppen besetzten den von Ägypten zuvor verstaatlichten Suez-Kanal, Israel den Gaza-Streifen und weite Teile des Sinai. Der israelischen Führung ging es dabei vor allem um den Sturz des ägyptischen Präsidenten Gamal Abdel Nasser, dessen Aufrüstungspolitik und Zusammenarbeit mit der Sowjetunion sie mit Sorge betrachtete. Für die ehemaligen Kolonialmächte standen die Gewährung der Durchfahrt durch den Suez-Kanal und die Sicherung der Einnahmen daraus im Vordergrund. Der Feldzug verfehlte seine Ziele allerdings in jeder Hinsicht: Großbritannien, Frankreich und Israel wurden unter US-amerikanischem Druck gezwungen, ihre Truppen abzuziehen. Denn für die USA war das trilaterale Eingreifen nicht nur anachronistisch. Sie waren auch an guten Beziehungen zu Ägypten interessiert, um im Rahmen ihrer globalen Containment-Politik eine Ausbreitung des Kommunismus zu verhindern. So wurde Nasser keineswegs geschwächt. Vielmehr stieg er zur populistischen und kämpferischen Führungsfigur in der arabischen Welt auf.

3. Kriege und das Ringen um Frieden

Der Sechs-Tage-Krieg – Naksa 1967 Die nächste kriegerische Auseinandersetzung zwischen Israel und den arabischen Staaten hatte mehrere Auslöser. 1964 begann Israel, aus dem See Genezareth einen Teil des Jordanwassers durch den sogenannten National Water Carrier für eigene Bewässerungsprojekte abzuleiten. Dies bedrohte die Wasserversorgung Jordaniens. Spannungen bauten sich auch an anderen Fronten auf: Ebenfalls 1964 wurde die Palästinensische Befreiungsorganisation (Palestine Liberation Organisation, PLO) gegründet. Die Fatah, die der spätere PLO-Vorsitzende Jassir Arafat mit mehreren Gleichgesinnten 1959 in Kuwait gegründet hatte, begann mit bewaffneten Aktionen gegen Israel. Angriffe der israelischen Armee auf Ziele in Jordanien, Syrien und im Gaza-Streifen häuften sich, da von dort aus immer wieder palästinensische Freischärler nach Israel eindrangen und Anschläge verübten.

Im Frühjahr 1967 verlegte der ägyptische Präsident Nasser Truppen in den Sinai und ließ den Golf von Akaba – Israels einzigen Zugang zum Roten Meer – für die israelische Schifffahrt sperren. Für die israelische Regierung war dies ein Kriegsgrund. Trotz der vorangegangenen Spannungen und der allgemeinen Kriegsstimmung waren Ägypten, Syrien und Jordanien überrascht, als Israel am 5. Juni angriff. Die israelische Armee konnte innerhalb weniger Tage den Gaza-Streifen und den Sinai, die syrischen Golanhöhen sowie das Westjordanland mit Ost-Jerusalem erobern.

Aus der Sicht Israels, das sich von einer feindlichen Umgebung bedroht fühlte, war der Krieg ein Präventivkrieg, der stolz Sechs-Tage-Krieg genannt wurde. Der schnelle Sieg gegen die arabischen Armeen führte auch zu einem Mythos der Unbesiegbarkeit, der bis heute nachwirkt. Für die arabische Welt stellte er sich dagegen als Aggression Israels und als «Rückschlag» (arabisch: Naksa) dar. In jedem Fall markierte dieser Krieg einen bedeutenden Einschnitt in der regionalen Geschichte: Israel wurde zur Besatzungsmacht nicht nur im Sinai, sondern auch auf dem Golan und über die palästinensische Bevölkerung im

Fatah

Fatah ist das Akronym für «Palästinensische Befreiungsbewegung» und bedeutet im Arabischen zugleich «Eroberung». 1959 in Kuwait u.a. durch Jassir Arafat gegründet, hatte sie zunächst das Ziel, Palästina vollständig militärisch zu befreien und dort einen unabhängigen und demokratischen palästinensischen Staat zu gründen. 1969 wurde die Fatah die dominante Fraktion innerhalb der PLO und übernahm deren Führung. Arafat setzte einen schrittweisen Wandel des Programms hin zu einer Zweistaatenregelung durch. Seit 1994 stellt die Fatah auch den Präsidenten der Palästinensischen Autonomiebehörde (1994–2004 Arafat, seit 2005 Mahmud Abbas) und dominiert deren Verwaltungsapparat. Ab 1996 war sie die stärkste Fraktion im Palästinensischen Legislativrat (Parlament), verlor ihre Mehrheit aber bei den Wahlen 2006 an die Hamas. Lokale Fatah-Kader führten die Erste Intifada an. In der Zweiten Intifada spielten die Al-Aksa-Märtyrer-Brigaden der Fatah eine herausragende Rolle im bewaffneten Kampf.

Westjordanland, in Ost-Jerusalem und im Gaza-Streifen. Noch 1967 annektierte es Ost-Jerusalem und bekräftigte mit dem Jerusalemgesetz von 1980, dass Jerusalem «die vollständige und vereinte Hauptstadt Israels» sein solle. 1981 wurden auch die Golanhöhen per Gesetz annektiert.

Den USA und den UN gelang zwar die Vermittlung eines Waffenstillstands. Ihre Versuche, eine regionale Lösung auf Grundlage der 1967 verabschiedeten UN-Sicherheitsratsresolution 242 zustande zu bringen, blieben aber erfolglos. Diese Resolution ist bis heute einer der Hauptbezugspunkte für eine Konfliktregelung. Sie implizierte erstmals das «Land-für-Frieden»-Prinzip, also die Forderung an Israel, seine Truppen aus (bzw. aus den) besetzten Gebieten zurückzuziehen, und im Gegenzug die Forderung an alle Staaten, die Souveränität, territoriale Integrität und politische Unabhängigkeit aller Staaten der Region sowie ihr Recht in Frieden in sicheren und anerkannten Grenzen zu leben, zu achten. Dabei war die Resolution bereits ein Formelkompromiss: Während der französische Text den bestimmten Artikel «aus *den* Gebieten» enthält, fehlt dieser in der englischen Version. Damit ist sowohl die Interpretation möglich, dass es sich um einen Abzug aus den gesamten 1967 von Israel besetzten Gebieten handelt, als auch die, dass es um einen Abzug aus Teilen derselben geht.

Zur Beratung der Kriegsfolgen hielt die Arabische Liga, die Regionalorganisation der arabischen Staaten, im September 1967 eine Gipfelkonferenz im sudanesischen Khartum ab. Dort erklärte sie zwar, dass es «keinen Frieden mit Israel, keine Anerkennung Israels, keine Verhandlungen mit Israel» geben solle. Neben diesen legendären drei Neins von Khartum beschrieben die arabischen Staatschefs aber auch eine international wenig beachtete neue Grundlage für ihre Politik: Sie wollten künftig darauf hinwirken, den Abzug der israelischen Streitkräfte aus den im Juni-Krieg eroberten arabischen Gebieten sicherzustellen. In der Politik Ägyptens und Jordaniens, mit einiger Verzögerung auch Syriens, ging es fortan also um die Wiedergewinnung der 1967 besetzten Gebiete, nicht um die Vernichtung Israels. Was fehlte, war der politische Mut, dies auch offen zu erklären.

Besatzung und Siedlungspolitik Die arabisch-israelischen Fronten verhärteten sich. Die Absichtserklärung der arabischen Staaten, nicht mit Israel zu verhandeln, stärkte in Israel die Position derjenigen, die die Kontrolle über die besetzten Gebiete dauerhaft verfestigen und so eine Pufferzone schaffen wollten. Schon 1968 begann der Siedlungsbau – entgegen den Warnungen von Realpolitikern wie Ben Gurion, die darin eine Bedrohung für künftige Bemühungen um Frieden mit den arabischen Nachbarn sahen. Die Siedlungspolitik der Regierung der Arbeitspartei nach dem sog. Allon-Plan von 1967, benannt nach Jigal Allon, dem damaligen stellvertretenden Premierminister Israels, zielte zunächst darauf ab, durch die Errichtung einzelner Siedlungen strategisch wichtige Gebiete zu kontrollieren, um dadurch das israelische Kernland zu schützen und die Herrschaft über Jerusalem zu festigen.

Arbeitspartei (hebräisch: Awoda für «Arbeit»)

Israelische zionistische Partei der linken Mitte, 1968 durch Zusammenschluss dreier sozialdemokratisch und sozialistisch orientierter Parteien entstanden. Von der israelischen Staatsgründung bis 1977 führten die Awoda bzw. ihre Vorläufer die Regierung, ebenso in den Jahren 1984–1986, 1992–1996 und 1999–2001. In den Jahren 1986–1990, 2001–2003, 2005 und 2006–2009 war sie Juniorpartnerin in einer Großen Koalition. Ursprünglich eine sozialistische Partei entwickelte sich die Arbeitspartei zu einer Partei der Mitte. In den 1990er-Jahren trieb sie die Oslo-Verhandlungen mit den Palästinensern voran; 1994 schloss eine Awoda-geführte Regierung Frieden mit Jordanien. Seit Mitte der 1990er-Jahre verlor sie deutlich an Unterstützung in der Bevölkerung.

Likud (hebräisch für «Konsolidierung»)

Israelische zionistische rechtskonservative Partei; gegründet 1973 durch Zusammenschluss mehrerer überwiegend rechtsnationaler Parteien. 1977–1984 führte der Likud-Block zum ersten Mal die Regierung, dann in den Jahren 1986–1992, 1996–1999, 2001–2005/06 und seit 2009. Eine Likud-geführte Regierung machte Frieden mit Ägypten und evakuierte 1982 rund 7000 Siedler aus dem Sinai. Zugleich trieb sie den Siedlungsbau in den besetzten palästinensischen Gebieten voran, die sie als Teil des historischen Israels («Eretz Israel») betrachtet. Mittlerweile treten führende Vertreter des Likud offen für eine Annexion des Westjordanlandes ein.

Mit der Regierungsübernahme durch die nationalkonservative Likud-Partei 1977 wurden alle besetzten Gebiete zur Besiedlung frei gegeben und großzügige finanzielle Anreize geschaffen, um Israelis von den Vorteilen eines Siedlerlebens zu überzeugen. Auch die nachfolgenden Regierungen – gleich, ob unter Führung der Arbeitspartei oder des Likud – trieben den Siedlungsbau weiter voran. Selbst während des Osloer Friedensprozesses stieg die Zahl der Siedler immer weiter.

Der Jom-Kippur-Krieg oder Oktober-Krieg 1973 Ägypten war zu diesem Zeitpunkt mehr als andere Staaten in der Region an einer Konfliktlösung mit Israel interessiert. Denn nur ein Rückzug Israels würde Ägypten seine Ölfelder auf dem Sinai zurückbringen und eine Wiedereröffnung des seit 1967 geschlossenen Suez-Kanals ermöglichen – beides wichtige Einnahmequellen für den Staat am Nil. Nachdem mehrere amerikanische und ägyptische Initiativen fehlgeschlagen waren und Ägyptens Präsident Anwar al-Sadat, der Nachfolger Nassers, die Hoffnungen auf internationale Vermittlung aufgegeben hatte, bereitete er gemeinsam mit Syrien einen begrenzten Krieg vor. Es ging ihm angesichts der militärisch-technologischen Überlegenheit Israels in erster Linie darum, einen Erfolg zu erzielen, der die israelische Regierung an den Verhandlungstisch bringen würde. Syrien versprach sich von dem Krieg eine Rückeroberung der Golanhöhen. Unterstützt wurden sie von Saudi-Arabien, das den Einsatz der «Ölwaffe», also eines Ölembargos, gegen jene Staaten versprach, die Israel unterstützen würden. Am 6. Oktober 1973 überquerten ägyptische Truppen den Suez-Kanal; Syrien griff auf dem Golan an und machte zunächst rasch territoriale Gewinne.

Der Oktober- oder Ramadan-Krieg, wie er in der arabischen Geschichtsschreibung heißt, bzw. der Jom-Kippur-Krieg, wie ihn die Israelis nennen, weil er am höchsten jüdischen Feiertag Jom Kippur begann, wurde ein politischer Erfolg der arabischen Staaten: Er demonstrierte, dass Israel nicht «unbesiegbar» war. Der militärische Durchbruch zu Beginn zählte mehr als die Tatsache, dass Israel dank amerikanischer Waffenhilfe das Blatt bald wenden konnte, die syrische Armee wieder vom Golan trieb und seinerseits tief nach Ägypten vorstieß.

Tatsächlich leitete der Krieg einen ersten Friedensprozess in Nahost ein: 1974 wurden unter amerikanischer Vermittlung ein ägyptisch-israelisches und ein syrisch-israelisches Truppenentflechtungsabkommen abgeschlossen. Syrien und Ägypten erhielten dabei jeweils Teile des 1967 besetzten Territoriums zurück, während gleichzeitig an beiden Fronten UN-überwachte Sicherheitsarrangements vereinbart wurden. Die Abkommen galten ausdrücklich als Schritt zu einem späteren «gerechten und dauerhaften Frieden». Auch die PLO leitete nach dem Oktober-Krieg einen Strategiewechsel ein und beschloss 1974, dass ein künftiger palästinensischer Staat «auf jedem befreiten Stück» Palästinas errichtet werden solle, statt auf die Befreiung ganz Palästinas zu setzen.

Die arabischen Staaten waren sich allerdings keineswegs einig über den Weg zum Frieden. Der ägyptische Präsident Sadat brachte im November 1977 mit einer spektakulären Reise nach Jerusalem und seiner Rede vor dem israelischen Parlament, der Knesset, erneut Bewegung in die Situation. In der Folge handelte er mit dem israelischen Premier Menachem Begin unter aktiver Beteiligung des amerikanischen Präsidenten Jimmy Carter die Rahmenvereinbarungen von Camp David aus. Im März 1979 wurde dann der ägyptisch-israelische Friedensvertrag – der erste und auf weitere 15 Jahre einzige Friedensvertrag zwischen Israel und einem arabischen Staat – unterzeichnet. Erst 1994, also nach dem Durchbruch bei den Verhandlungen zwischen Israel und der PLO in Oslo, kam eine weitere Friedensvereinbarung zwischen Israel und einem seiner Nachbarstaaten zustande: der israelisch-jordanische Friedensvertrag.

Das Abkommen mit Ägypten war aus israelischer Sicht ein klarer Erfolg: Israel gab zwar Territorium auf, gewann aber Frieden mit seinem größten Nachbarn und wurde durch großzügige amerikanische Entwicklungs- und Militärhilfe entschädigt. Aus amerikanischer Sicht war es immerhin ein Durchbruch, wenn es auch keine umfassende Lösung des Nahostkonflikts brachte. In Ägypten blieb es umstritten. Zwar brachte der Alleingang Sadats Ägypten den Sinai zurück. Ägypten wurde zudem ein bevorzugter Partner der USA und ist seither der nach Israel wichtigste Empfänger amerikanischer Finanz- und Militärhilfe. Aber große Teile der Bevölkerung lehnten eine Aussöhnung mit Israel ab. So blieb der Frieden ein «kalter Frieden». Die meisten arabischen Staaten, wie auch die PLO, lehnten das Abkommen als «Separatfrieden» ab, weil Ägypten seine Beziehungen zu Israel von der Palästinafrage abkoppelte. Sie schlossen Ägypten sogar vorübergehend (1979–1989) aus der Arabischen Liga aus.

Der Libanonkrieg 1982 Nach dem Ausscheiden Ägyptens aus der anti-israelischen Front musste Israel arabische militärische Reaktionen auf eigene Schritte kaum noch fürchten, denn der Friedensvertrag veränderte die regionalen Kräfteverhältnisse zu seinen Gunsten. Im Sommer 1982 führte Israel eine große Libanon-Invasion durch. Damit verbanden Begin und sein Verteidigungsminister Ariel Scharon weitreichende Ziele: Sie wollten die PLO, die Teile des Libanon kontrollierte und dies zu Angriffen auf Israel nutzte, schwächen. Die PLO hatte ihr Hauptquartier nach Beirut verlegt, nachdem sie 1970 Jordanien verlassen musste, weil man ihr in Amman vorwarf, einen Staat im Staate zu errichten, und militärisch gegen ihre Kämpfer vorgegangen war. Außerdem sollte Syrien geschwächt und im Libanon ein israelfreundliches Regime installiert werden. Ein erster, begrenzter Einmarsch Israels hatte schon 1978 stattgefunden und zur Besetzung eines Grenzstreifens (in der israelischen Diktion einer «Sicherheitszone») im Süden des Landes geführt.

Anstatt die regionalen Verhältnisse nach ihren Vorstellungen zu ordnen, verstrickten Begin und Scharon Israel allerdings in den libanesischen Bürgerkrieg. Die israelische Armee wurde mitschuldig an den Kriegsverbrechen ihrer libanesischen Verbündeten – vor allem an den Massakern, die die sogenannten Falangisten (christliche Milizen) im September 1982 in den palästinensischen Flüchtlingslagern Sabra und Schatila verübten. Zwar konnte Israel die PLO zwingen, ihr Hauptquartier von Beirut nach Tunesien zu verlegen. In Reaktion auf den israelischen Einmarsch entstand aber 1985 mit iranischer Unterstützung im mehrheitlich schiitisch besiedelten Süden des Libanon ein neuer Gegner: die Hisbollah (arabisch für «Partei Gottes»), die fortan einen Guerillakrieg gegen Israel führte. Israel brauchte fast zwei Jahrzehnte, um im Mai 2000 unter Premierminister Ehud Barak den Libanon wieder zu verlassen.

Schockiert von der israelischen Libanon-Invasion beschlossen die arabischen Staaten im September 1982 im marokkanischen Fes einen Friedensplan für den Nahen Osten, der für die nächsten Jahre die offizielle arabische Position bestimmen sollte. Er forderte den Abzug Israels aus den 1967 besetzten Gebieten, die Räumung der Siedlungen, die Errichtung eines unabhängigen palästinensischen Staates und internationale Friedensgarantien «für alle Staaten der Region». Dies schloss Israel ein, ohne es direkt zu nennen. Die arabische Initiative blieb allerdings in Israel sowie international weitgehend unbeachtet und damit folgenlos.

Die Erste Intifada und der Zweite Golfkrieg 1987–1990 Im Dezember 1987 nahm die palästinensische Bevölkerung in den besetzten Gebieten die Dinge selbst in die Hand und begann einen weitgehend zivilen und lokal organisierten Aufstand gegen die israelische Besatzung. Hatten spektakuläre Terroranschläge der 1970er-Jahre – insbesondere das Olympia-Attentat in München 1972, die Entführung der Lufthansa-Maschine Landshut 1977 und das Kapern des Kreuzfahrtschiffes Achille Lauro 1985 – die palästinensische Frage auf die internationale Agenda gesetzt, aber das Anliegen zugleich delegitimiert, so rief die Erste Intifada (arabisch für «Abschütteln») beträchtlich größere internationale Sympathie für den palästinensischen Kampf gegen die Besatzung hervor. Insbesondere beanspruchten die Palästinenser nun, angesichts der israelischen Übermacht, erfolgreich das David-Narrativ für sich. Die Exil-PLO, selbst von der Intifada überrascht, reagierte, indem sie die Führung des Aufstandes übernahm und Ende 1988 im algerischen Exil einen palästinensischen Staat ausrief. Durch den Bezug auf die UN-Resolutionen 181 und 242 (von 1947 bzw. 1967) akzeptierte sie faktisch einen Staat in den 1967 besetzten palästinensischen Gebieten. Die Erste Intifada war auch der Anlass für den palästinensischen Arm der Muslimbrüder, die Hamas zu gründen und den bewaffneten Kampf gegen Israel aufzunehmen. Im Gegensatz zur PLO hatte die Hamas zu diesem Zeitpunkt die «Befreiung» des gesamten historischen Palästina zum Ziel.

Der Zweite Golfkrieg, der im August 1990 mit der irakischen Invasion Kuwaits begann und mit der Annahme eines UN-Waffenstillstandsabkommens durch den Irak im April 1991 endete, erhöhte die Chancen für eine Regelung des arabisch-israelischen Konflikts. Denn die USA versprachen den

Hamas

Hamas ist das Akronym für «Die islamische Widerstandsbewegung» und bedeutet zugleich auf Arabisch «Eifer». Sie wurde zu Beginn der Ersten Intifada durch die palästinensische Organisation der Muslimbruderschaft unter anderem von Scheich Ahmad Jassin 1987 gegründet, mit dem Zweck, durch bewaffneten Kampf gegen Israel die «Befreiung» ganz Palästinas und die Errichtung eines islamischen Staates zu erreichen. Ihr militärischer Arm, die Kassam-Brigaden, verübte seit 1993 Selbstmordattentate und Anschläge auf israelische Soldaten und Zivilisten in den besetzten Gebieten und im israelischen Kernland. Mit dem Wandel hin zu einer politischen Partei (Teilnahme an Kommunalwahlen 2004/2005 sowie an Parlamentswahlen 2006) fand auch ein Wandel in der Haltung gegenüber Israel statt: Die Hamas zeigte sich zu einer Zweistaatenregelung bereit, wenn diese von der palästinensischen Bevölkerung in einem Referendum angenommen würde. Seit ihrem Wahlsieg 2006 und den bürgerkriegsähnlichen Auseinandersetzungen mit der Fatah im Gaza-Streifen im Juni 2007 stellt die Hamas dort die Regierung. Sie wird von der Europäischen Union, den USA, Israel und (unter Präsident Abdel Fatah al-Sisi) in Ägypten als terroristische Vereinigung eingestuft.

arabischen Staaten eine Friedensinitiative im Nahen Osten, um Zweifel an den Motiven für den massiven Einsatz amerikanischer Militärmacht am Persischen Golf zu zerstreuen. Die PLO war geschwächt, nachdem sie im Krieg die «falsche Seite» gewählt hatte. Sie hatte die irakische Invasion nicht verurteilt, weil der irakische Präsident Saddam Hussein vollmundig versprochen hatte, sich für die palästinensische Sache einzusetzen und dieses Versprechen mit Raketenangriffen auf Israel unterfütterte. In der Folge stellten die arabischen Golfstaaten ihre Unterstützung für die PLO ein. Zudem reagierten Kuwait und andere Golfstaaten mit der Ausweisung von insgesamt 400 000 palästinensischen Arbeitsmigranten. Dementsprechend war die Befreiungsorganisation bereit, sich auf Verhandlungen einzulassen, auch wenn diese nicht ihren Vorstellungen entsprachen: Die PLO war formal nicht vertreten, lediglich palästinensische

Persönlichkeiten durften als Teil der jordanischen Delegation teilnehmen. Israels Regierung unter Jitzhak Schamir (Likud) hatte ihrerseits kein Interesse an einer Friedenskonferenz, konnte sich aber ein offenes Stören der amerikanischen Pläne nicht leisten.

4. Fortschritte der 1990er-Jahre: Die Oslo-Abkommen

Vor diesem Hintergrund begann im Oktober 1991 mit der Konferenz von Madrid eine neue Etappe des nahöstlichen Friedensprozesses. Erstmals nahmen an einer Nahostkonferenz sowohl Israel als auch Jordanien, Syrien und der Libanon teil. Aus der Konferenz gingen bilaterale Verhandlungen zwischen Israel und jeweils einer arabischen Partei sowie multilaterale Arbeitsgruppen hervor, die sich unter breiter internationaler Beteiligung mit der Lösung der regionalen Konfliktdimension sowie regionaler Kooperation und Verflechtung beschäftigten (s. Kapitel III).

Die Etablierung der Palästinensischen Autonomiebehörde Die Verhandlungen zwischen Israel und Jordanien wurden in Bezug auf die Palästinafrage rasch durch geheime nicht-offizielle Gespräche in einem so genannten «second track» in Norwegen «überholt». Dort wurde die israelisch-palästinensische Prinzipienerklärung bzw. das Oslo-I-Abkommen (unterzeichnet am 13. September 1993 in Washington) erarbeitet. Darin erkannte die PLO den Staat Israel und Israel seinerseits die PLO als Vertreterin der Palästinenser an. Israel sollte nach und nach Territorium und politische Zuständigkeiten an eine zu bildende Palästinensische Autonomiebehörde (PA) übergeben. Die kompliziertesten politischen und territorialen Fragen – darunter der Status Jerusalems, die Zukunft der israelischen Siedlungen, die Grenzziehung zwischen Israel und dem palästinensischen Gemeinwesen sowie die Flüchtlingsfrage – wurden als sogenannte «Endstatusfragen» auf spätere Verhandlungen vertagt.

Mit dem israelisch-palästinensischen Gaza-Jericho-Abkommen vom Mai 1994 begann die fünfjährige Übergangsperiode, innerhalb derer Kompetenzen schrittweise – zunächst eben für die palästinensische Bevölkerung im Gaza-Streifen und in Jericho – an die PA übergeben werden sollten und ein Endstatusabkommen ausgehandelt werden sollte. Jassir Arafat und die Führung der Exil-PLO kehrten – bis auf die wenigen Mitglieder, die die Abkommen ablehnten – am 1. Juli 1994 nach Gaza zurück. Kurz zuvor war im Pariser Protokoll vom April 1994 das wirtschaftliche Verhältnis zwischen Israel und der PA geregelt worden. Es schrieb eine von Israel dominierte Zollunion fest. Die PA sollte zwar eine eigene Wirtschaftspolitik ausüben dürfen, deren Rahmen war aber eng abgesteckt. So würden Währungsfragen allein von Israel entschieden und der palästinensische Außenhandel würde unter israelischer Aufsicht bleiben. Israel würde weiterhin alle Außengrenzen kontrollieren und die auf Importe in die palästinensischen Gebiete erhobenen Zölle, ebenso wie die Sozialabgaben palästinensischer Arbeitnehmer in Israel, an die PA überweisen. Diese Transfers wurden im Folgenden immer wieder von Israel als Strafmaßnahme gegen die PA ausgesetzt.

Der Friedensnobelpreis 1994 ging gemeinsam an den PLO-Vorsitzenden Jassir Arafat, den israelischen Premier Jitzhak Rabin und seinen Außenminister Schimon Peres für ihre Bemühungen, Frieden im Nahen Osten zu schaffen. Und in der Tat sah es zunächst so aus, als ob der Weg zum Frieden fortgesetzt werden sollte. Im September 1995 einigten sich Israel und die PLO auf das sogenannte Interims- oder Oslo-II-Abkommen. In diesem wurden das Westjordanland und der Gaza-Streifen in Gebiete mit unterschiedlichem Status und je eigenen Kompetenzen für Israel und die PA aufgeteilt (sog. A-, B- und C-Gebiete); Ost-Jerusalem blieb davon ausgenommen (s. Karte S. 36). Dabei kommen der PA Aufgaben der Selbstverwaltung und der inneren Ordnung in den A- und B-Gebieten zu. Für die C-Gebiete des Westjordanlandes, in denen sich der Großteil der israelischen Siedlungen, landwirtschaftlichen Flächen und Militäreinrichtungen befindet, sehen sie hingegen eine weitreichende israelische Kontrolle vor, unter anderem über öffentliche Ordnung, Sicherheit, Planverfahren und Baugenehmigungen.

Ende 1995 zog Israel seine Truppen wie vorgesehen aus den Bevölkerungszentren des Westjordanlandes ab. Damit schien zunächst ein erster Schritt zur Beendigung der Besatzung erreicht. In der Realität wurde das Besatzungsregime lediglich ausdifferenziert. Die PA übernahm darin zwar die alltägliche Kontrolle für die innere Ordnung und Sicherheit in den A-Gebieten, aber die Oberhoheit über die besetzten Gebiete behielt Israel.

Der Zeitplan für den Truppenrückzug Israels und die Aushandlung eines Friedensabkommens verzögerte sich indes. Die Ermordung Rabins durch einen jüdischen Extremisten im November 1995 erwies sich als schwerer Schlag für den Friedensprozess. Schon zuvor hatten radikale Siedler versucht, den Prozess zu torpedieren. So hatte im Februar 1994 Baruch Goldstein 29 betende Muslime in der Patriarchenhöhle bzw. Abrahamsmoschee in Hebron erschossen. Die Hamas, die bereits 1993 erste Selbstmordattentate durchgeführt hatte, weitete diese «als Vergeltung» mit einer Anschlagswelle auch auf zivile Ziele aus. Während der ersten Regierungszeit Benjamin Netanjahus (1996–1999) wurde die Atmosphäre zwischen Israel und der PA eisig. Denn Netanjahu, dessen Likud nach wie vor an einer Groß-Israel-Ideologie festhielt, setzte nur widerwillig und in begrenztem Umfang weitere Truppenumgruppierungen um und sah in der PA keinen Partner. Verhandlungsfortschritte gab es in seiner Regierungszeit nicht. Die für die Übergangsperiode bis Mai 1999 gesetzten Ziele wurden nicht erreicht.

Nach den letzten Truppenumgruppierungen im März 2000 standen nach wie vor rund 40 Prozent des Gaza-Streifens und 60 Prozent der West Bank unter direkter israelischer Besatzung (C-Gebiete). Zudem handelte es sich bei den palästinensisch kontrollierten Gebieten um voneinander isolierte Enklaven, die von israelischen Militärstützpunkten, Siedlungen, Verbindungsstraßen und landwirtschaftlichen Gebieten gleichsam umschlossen waren. Sogenannte «safe passages» zwischen Gaza-Streifen und dem Westjordanland wurden zwar ausgeschildert, blieben aber unter israelischer Kontrolle. Darüber hinaus kontrollierte Israel mittels eines Genehmigungssystems den Zugang von Pa-

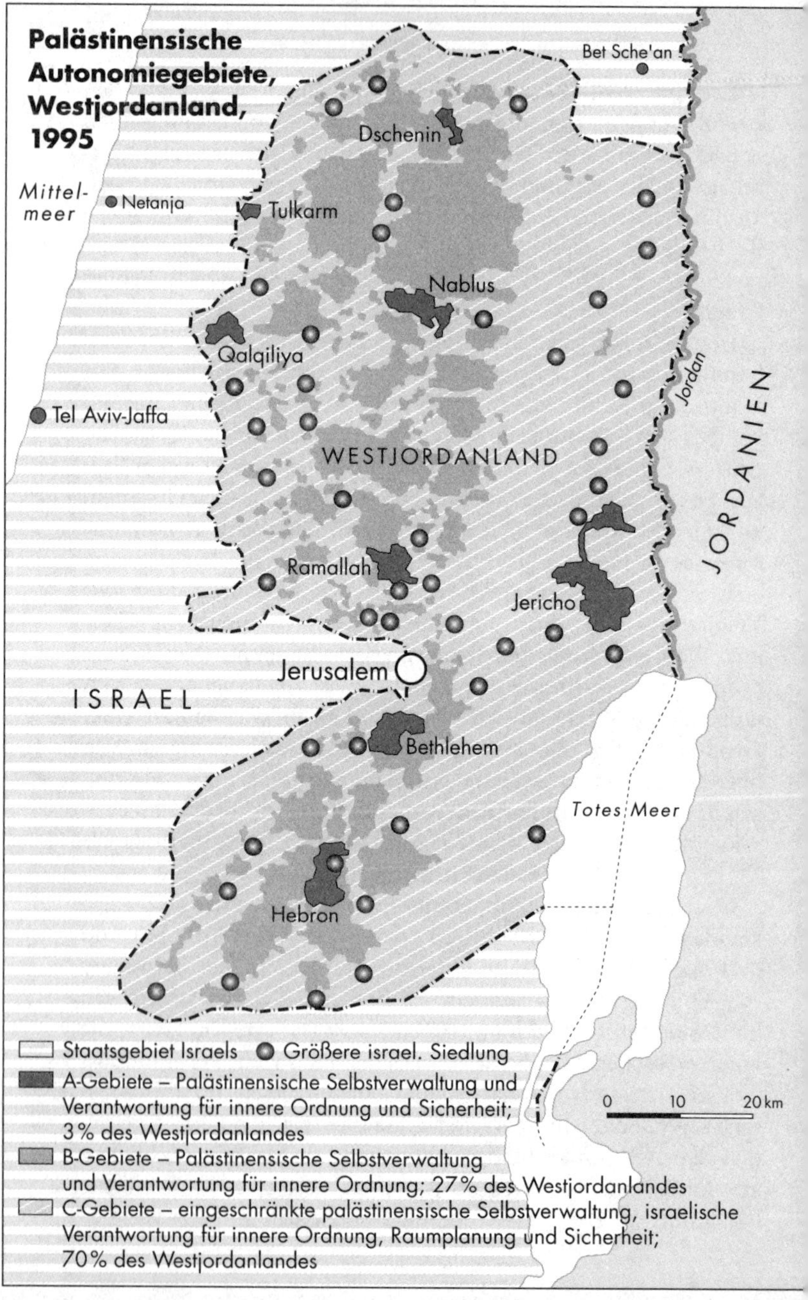

Palästinensische Autonomiegebiete, Westjordanland, 1995
Bet Sche'an
Dschenin
Mittelmeer
Netanja
Tulkarm
Nablus
Qalqiliya
Jordan
JORDANIEN
Tel Aviv-Jaffa
WESTJORDANLAND
Ramallah
Jericho
Jerusalem
ISRAEL
Bethlehem
Totes Meer
Hebron
Staatsgebiet Israels
Größere israel. Siedlung
A-Gebiete – Palästinensische Selbstverwaltung und Verantwortung für innere Ordnung und Sicherheit; 3% des Westjordanlandes
B-Gebiete – Palästinensische Selbstverwaltung und Verantwortung für innere Ordnung; 27% des Westjordanlandes
C-Gebiete – eingeschränkte palästinensische Selbstverwaltung, israelische Verantwortung für innere Ordnung, Raumplanung und Sicherheit; 70% des Westjordanlandes
0
10
20 km

lästinensern nach Ost-Jerusalem, sowie durch ein System sogenannter «interner Abriegelungen» die Bewegungsfreiheit zwischen den verschiedenen palästinensischen Gebieten mit unterschiedlichem Status. Die Besatzungsmacht blieb folglich für die palästinensische Bevölkerung allgegenwärtig, auch wenn sie sich aus den Stadtzentren zurückgezogen hatte.

Camp David II Als 1999 in Israel Ehud Barak von der Arbeitspartei Ministerpräsident wurde, kam Hoffnung auf eine rasche Wiederaufnahme des Friedensprozesses und auf einen, wenn auch verzögerten, Abschluss der Friedensverhandlungen auf. Die im Juli 2000 in Camp David unter Vermittlung des US-amerikanischen Präsidenten Bill Clinton geführten Verhandlungen scheiterten allerdings. Obwohl in Camp David zum ersten Mal auf höchster Ebene die komplexen Fragen des endgültigen Status diskutiert wurden und die israelische Seite territoriale Vorschläge für eine Zweistaatenregelung unterbreitete, blieben die israelischen Angebote weit hinter den palästinensischen Minimalforderungen zurück: einem zusammenhängenden Staatsgebiet in den Grenzen von 1967 mit Ost-Jerusalem als Hauptstadt und einer Lösung der Flüchtlingsfrage auf Basis der Resolution 194 der UN-Generalversammlung. Barak wollte hingegen die großen Siedlungsblöcke in der West Bank annektieren und die israelische Souveränität über ganz Jerusalem behalten. Ein individuelles Rückkehrrecht für palästinensische Flüchtlinge lehnte er ab. Eine Einigung konnte in den zwei Wochen dauernden Verhandlungen nicht erzielt werden.

Zwar erreichten die Konfliktparteien bei einer Fortführung der Verhandlungen im Januar 2001 im ägyptischen Taba eine Annäherung der Positionen auf Basis der Clinton-Parameter vom Dezember 2000, die seither als Eckpunkte einer Verhandlungslösung gelten (s. Kapitel III.3). Für die Konfliktdynamik bis heute prägend war allerdings nicht diese Annäherung, sondern eine Lesart der Verhandlungen in Camp David, die das Scheitern allein Jassir Arafat zuschob und sie als Beleg dafür nahm, dass es auf palästinensischer Seite keinen Partner für Frieden gebe. Diesen Mythos nährte der israelische Premier, obgleich er in den Taba-Verhandlungen deutlich konzilianter war, was territoriale Zugeständnisse anging. Allerdings brach er die Taba-Verhandlungen Ende Januar ab, da er sich nicht mehr auf eine Mehrheit in der Knesset stützen konnte – seine Koalition war bereits im Juli 2000 auseinandergebrochen. Letztlich fehlte ihm der Mut, die Verhandlungen fortzuführen und damit seinem Nachfolger zumindest die Umrisse einer Regelung als Ausgangspunkt für weitere Verhandlungen zu hinterlassen.

5. Das Scheitern von Oslo

Die Zweite Intifada Im Herbst 2000 brach die in Oslo vereinbarte Sicherheitskooperation zwischen Israel und der PA zusammen. Der Konflikt eskalierte in gewaltsamen Auseinandersetzungen von ungekannter Schärfe. Auslöser waren der demonstrative Besuch des damaligen israelischen Oppositionsführers Ariel Scharon (Likud) auf dem Jerusalemer Tempelberg, für Muslime Haram al-Scharif, am 28. September 2000 und die blutige Niederschlagung der palästinensischen Proteste, die ihm folgten. Ursächlich für die Zweite oder sog. Al-Aksa-Intifada war jedoch die in der palästinensischen Bevölkerung angestaute Frustration über einen Friedensprozess, der ihnen weder ein Ende der Besatzung noch eine greifbare ökonomische Friedensdividende gebracht hatte. Zudem sah die palästinensische Bevölkerung die eigene Führung als Handlangerin Israels bei der Unterdrückung legitimer palästinensischer Interessen und warf ihr Selbstbereicherung, Korruption, Vetternwirtschaft und Repression vor. Schnell versuchte sich Arafat an die Spitze des Aufstands zu stellen, der allerdings im Wesentlichen durch lokale Fatah-Kader getragen wurde, die schon in der ersten Intifada eine wichtige Rolle gespielt hatten.

Innerhalb weniger Monate entwickelte sich aus zunächst relativ friedlichen Massenprotesten – nicht zuletzt in Reaktion auf die Gewaltanwendung Israels – ein bewaffneter Kampf militanter palästinensischer Gruppierungen: nicht nur gegen militärische Einrichtungen und Siedlungen in den besetzten Gebieten, sondern auch gegen die Zivilbevölkerung in Israel. Die israelische Führung reagierte wiederum mit massiver Gewaltanwendung, Kollektivstrafen und der gezielten Tötung von Anführern des Aufstands. Die Gewaltspirale drehte sich immer schneller. Allein bis Januar 2005, als Mahmud Abbas als Nachfolger des im November 2004 verstorbenen Arafat zum Präsidenten der PA gewählt wurde, kamen nach Angaben der israelischen Menschenrechtsorganisation B'Tselem rund 950 Israelis und über 3200 Palästinenser ums Leben – auf beiden Seiten ganz überwiegend Zivilisten. Dabei brachte die Zweite Intifada zwei bedeutende Einschnitte mit sich: Erstens wurde das Diktum, man habe auf der palästinensischen Seite keinen Partner für Frieden, infolge der Selbstmordattentate auf israelische Zivilisten nun auch von weiten Teilen der israelischen Linken und der Friedensbewegung geteilt. Zweitens wurden palästinensische Bürger Israels, die bis dahin ihren Kampf um Gleichberechtigung ganz überwiegend friedlich verfolgt hatten, Teil der Auseinandersetzungen. Polizeigewalt führte bereits im Oktober 2000 dazu, dass zwölf palästinensische Israelis bei Protesten zu Tode kamen. Viele solidarisierten sich nun mit dem Aufstand in den besetzten Gebieten und wurden von der Mehrheitsgesellschaft zunehmend als fünfte Kolonne gesehen.

Die Arabische Friedensinitiative Die Menschen in den benachbarten Staaten bekundeten während der Intifada ihre Solidarität mit den Palästinensern, die arabischen Führungen hingegen waren daran interessiert, keine Unruhe in ihre eigenen Staaten hineintragen zu lassen. Daher brach keiner der arabischen Staaten, die einen Friedensvertrag mit Israel geschlossen hatten, die diplomatischen Beziehungen ab.

Die Arabische Gipfelkonferenz in Beirut im März 2002 verabschiedete eine vom damaligen saudischen Kronprinzen Abdallah lancierte Arabische Friedensinitiative: Wenn Israel bereit sei, sich auf die Grenzen von 1967 zurückzuziehen, einer gerechten und einvernehmlichen Lösung für das Problem der palästinensischen Flüchtlinge zuzustimmen und einen unabhängigen, souveränen palästinensischen Staat mit der Hauptstadt Ost-Jerusalem zuzulassen, dann würden die arabischen Staaten «den Konflikt für beendet betrachten» und zu «normalen Beziehungen» mit Israel bereit sein. Ein begrenzter Austausch von Territorium und Grenzkorrekturen wurden dabei nicht ausgeschlossen. Israel würde nicht nur Frieden mit den Palästinensern, sondern mit allen arabischen Staaten gewinnen. Auch die 57 Mitglieder zählende Organisation für Islamische Zusammenarbeit (früher: Organisation der Islamischen Konferenz) schloss sich der Initiative an.

Allerdings fiel die Initiative in Israel nicht auf fruchtbaren Boden. Der Anschlag eines palästinensischen Selbstmordattentäters auf eine Familienfeier am Pessachabend 2002 in Netanja, bei dem 30 Menschen getötet und über 100 verletzt wurden, verdrängte das Friedensangebot sofort aus den Medien und verstärkte in Israel die Furcht vor dem Terrorismus. Dies ebnete der israelischen Regierung der nationalen Einheit, die 2001 von Scharon gebildet worden war, den Weg, im Wesentlichen auf unilaterale Maßnahmen statt auf Verhandlungen zu setzen. Lediglich beim Konfliktmanagement kooperierte man: Im Januar 2005 wurde die Sicherheitskooperation teilweise wieder aufgenommen, und seit der politischen Spaltung im Juni 2007 arbeitete Israel in Sicherheitsfragen wieder eng mit der PA zusammen.

Sperranlagen und Abkoppelungsplan Im Juni 2002 begann die israelische Regierung mit dem Bau eines sogenannten «Sicherheitszaunes», der verhindern sollte, dass etwaige Attentäter über die Grüne Linie aus dem Westjordanland nach Israel eindrangen. Tatsächlich gelang es, die Zahl von Selbstmordattentaten in Israel deutlich zu reduzieren – allerdings vor allem durch die Wiederaufnahme der israelisch-palästinensischen Sicherheitskooperation unter Präsident Abbas ab Anfang 2005. Problematisch an den bis zu acht Meter hohen und zusätzlich mit Gräben und elektronischen Einrichtungen geschützten Sperranlagen ist, dass sie nicht entlang der Grenzen von 1967, sondern durchweg einige hundert Meter, teilweise bis zu mehrere Kilometer innerhalb des Westjordanlandes verlaufen, so dass die großen Siedlungsblöcke westlich der Sperranlagen liegen. Dadurch werden rund acht Prozent der Fläche des Westjordanlandes de facto abgetrennt. Der Verlauf der Sperranlagen verstößt deshalb nach einem Gutachten des Internationalen Gerichtshofs (IGH) in Den Haag vom Juli 2004 gegen internationales Recht. Einige palästinensische Ortschaften östlich der Grünen Linie aber westlich der Sperranlagen bleiben gänzlich isoliert zurück. Städte wie Qalqilya im nördlichen Westjordanland sind nahezu vollständig von Mauern und Zäunen umschlossen oder, wie Bethlehem, geteilt. Anfang 2019 waren die Sperranlagen zu einem großen Teil fertiggestellt; es fehlten lediglich die Teile, die die großen Siedlungsblöcke (Ariel, Gush Etzion und Maale Adumim) abtrennen werden. Verzichtet wurde bislang auf eine Vervollständigung der Sperranlagen im Osten des Westjordanlandes, die große Teile des Jordantals abgetrennt hätten. Die Sperranlagen nehmen keine Grenzziehung entlang der Grünen Linie vorweg, sie führen vielmehr zu einer Trennung zwischen jüdischen Siedlern und Palästinensern *in* den palästinensischen Gebieten. Sie zerstückeln damit diese Gebiete weiter und schränken die Bewegungsfreiheit der palästinensischen Bevölkerung noch stärker ein. Die Palästinenser sprechen daher auch von einer Annexions- oder Apartheidsmauer.

Ende 2003 kündigte der israelische Premierminister Scharon mit seinem «Abkoppelungsplan» weitere Maßnahmen an. Der Hintergrund: Im April 2003 hatte das sogenannte Nahostquartett (bestehend aus Vertretern von USA, EU, Russland und den Vereinten Nationen) eine «Roadmap» vorgelegt, die die Konfliktparteien auf parallele Schritte verpflichtete und so über vertrauensbildende Maßnahmen zu einer Eindämmung der Gewalt, einer Rückkehr an den Verhandlungstisch und letztlich einer Friedenslösung führen sollte. Die Roadmap wurde allerdings nur ansatzweise umgesetzt und letztlich aufgegeben. Im Dezember 2003 wurde zudem eine Initiative lanciert, die Experten und Politiker beider Konfliktparteien inoffiziell in Genf erarbeitet hatten. Sie hatten sich auf eine Blaupause für ein israelisch-palästinensisches Friedensabkommen geeinigt. Diese sah Kompromisse vor, die allerdings für beide Bevölkerungen deutlich zu weit gingen und daher nicht auf fruchtbaren Boden fielen.

Der israelische Premier stand damit außen- und innenpolitisch unter Druck. Er wollte Kritik aus den Reihen des Sicherheitsestablishments sowie der internationalen Gemeinschaft den Wind aus den Segeln nehmen. Mit seinem Abkoppelungsplan gelang es ihm, die Agenda zu bestimmen: Statt auf Fortschritte im Friedensprozess zu setzen, räumte Israel im Sommer 2005 einseitig alle Siedlungen und militärischen Anlagen im Gaza-Streifen sowie – auf Druck der internationalen Gemeinschaft – vier Siedlungen im nördlichen Westjordanland. Auf diese Weise konnte Scharon zugleich die Kosten der Besatzung senken und sie im ideologisch-religiös und von den Ressourcen her bedeutsameren Westjordanland festigen.

Das Besatzungsregime endete damit im Gaza-Streifen freilich nicht. Denn Israel behielt sich die Kontrolle über die Landgrenzen, die maritimen Grenzen und die Küstengewässer sowie den Luftraum vor. Der Quartett-Beauftragte James Wolfensohn handelte zwar im November 2005 mit den Konfliktparteien ein Abkommen aus. Dieses sollte gewährleisten, dass Handel in und aus dem Gaza-Streifen auch künftig stattfinden und Palästinenser sich zwischen Westjordanland und Gaza-Streifen bewegen könnten. Zudem sollte ein Hafen in Gaza gebaut werden, um das Gebiet, das seit 1991 Bewegungseinschränkungen unterworfen und seit 1995 eingezäunt worden war, direkt mit der Außenwelt zu verbinden. Über den Wiederaufbau des Flughafens, der während der Zweiten Intifada von Israel zerstört worden war, sollte weiter verhandelt werden. Am Grenzübergang Rafah, den die PA und Ägypten kontrollieren würden, sollte in erster Linie Personenverkehr zugelassen sein. Israel würde die dortigen Grenzkontrollen per Videoübertragung sowie eine dritte Partei durch Beobachter vor Ort überwachen. Diese Aufgabe übernahm eine Mission der Europäischen Union.

Allerdings kam der so geregelte Grenzverkehr schnell zum Erliegen, da Israel in Reaktion auf die Entführung des Soldaten Gilad Schalit im Juni 2006 und die dortige Machtübernahme der Hamas im Juni 2007 die Abriegelung des Gaza-Streifens schrittweise verschärfte und die Europäer unter Druck setzte, ihre Mission abzuziehen. Der Hafen wurde nicht gebaut. Die

Siedlungen, die Israel im Westjordanland räumte, behielt es als militärische Sperrzone unter Kontrolle.

Es zeigte sich, dass die unilateralen Maßnahmen Israel nicht mehr Sicherheit brachten, sondern eher militante Kräfte stärkten. Denn es gelang der Hamas, den Abzug als Ergebnis ihres erfolgreichen «Widerstandes» darzustellen, während Präsident Abbas, der auf Verhandlungen und friedlichen Ausgleich setzte, keinen Erfolg vorzuweisen hatte. Im Sommer 2006 führte die israelische Armee eine größere Bodenoffensive im Gaza-Streifen durch, um den entführten Soldaten Schalit zu befreien und gegen die militärische Infrastruktur bewaffneter Gruppierungen vorzugehen. Gleichzeitig reagierte Israel im Libanon zunächst mit Luft-, später mit Bodenoperationen auf die Entführung weiterer Soldaten durch die Hisbollah, die diese in ihre Gewalt brachte, um sie gegen Gefangene austauschen zu können. Erst einen Monat später konnten diese kriegerischen Auseinandersetzungen mit der Waffenstillstandsresolution 1701 des UN-Sicherheitsrates beendet werden. Zwar fügte Israel der Hisbollah empfindliche Verluste zu, gleichzeitig gelang es dieser aber, den Raketenbeschuss auf israelische Städte sogar noch zu intensivieren. Ihr Generalsekretär Hassan Nasrallah glorifizierte dies als «göttlichen Sieg der Hisbollah», und auch in den Augen vieler Menschen in der Region ging die Hisbollah als Siegerin aus der Auseinandersetzung hervor.

Hamas gegen Fatah In den palästinensischen Gebieten hatten die gewaltsamen Auseinandersetzungen der Zweiten Intifada enorme wirtschaftliche und soziale Auswirkungen. Sie führten nicht zuletzt zu einem weitgehenden Zusammenbruch der öffentlichen Ordnung und Sicherheit und einer zunehmenden Militarisierung der Gesellschaft. Dies verstärkte sich nach dem Tod des langjährigen PLO-Vorsitzenden und Präsidenten Arafat im November 2004, der als Ikone des palästinensischen Unabhängigkeitskampfes in allen politischen Strömungen Autorität genossen hatte. Seinem 2005 direkt gewählten Nachfolger im Präsidentenamt Mahmud Abbas (Fatah) gelang es zwar, durch ein eindeutiges Bekenntnis zum Friedensprozess und die Ablehnung von Gewalt die Beziehungen zur internationalen Gemeinschaft und zu Israel deutlich zu verbessern, doch er konnte längst nicht mehr alle Palästinenser hinter sich versammeln.

Damit gewann die Hamas zunehmend an Popularität. Im Januar 2006 trat sie mit einem innenpolitischen Reformprogramm zu den zweiten palästinensischen Parlamentswahlen an. Überraschend trug sie den Wahlsieg davon und bildete eine Technokratenregierung, die allerdings durch den Fatah-dominierten Verwaltungs- und Sicherheitsapparat sabotiert und von den USA und der EU isoliert wurde. Dadurch sollte sie – entsprechend den Vorgaben des Nahostquartetts – gezwungen werden, einen generellen Gewaltverzicht zu leisten und Israels Existenzrecht sowie alle bisherigen Verträge anzuerkennen. Gewaltsame Auseinandersetzungen zwischen Fatah, die ihre Wahlniederlage nicht eingestehen wollte, und Milizen der Hamas führten die Palästinenser 2007 an den Rand eines Bürgerkriegs.

Im Februar 2007 vermittelte Saudi-Arabien zwischen den palästinensischen Kontrahenten das sogenannte Mekka-Abkommen, in dem sich die Kräfte auf eine Machtteilung und die Bildung einer Regierung der nationalen Einheit einigten. Schon vorher hatten Hamas-Führer wie Khaled Meschal einer Zweistaatenoption zugestimmt. Eine explizite Anerkennung Israels lehnten sie aber nach wie vor ab. Die Hamas stimmte unter anderem zu, dass der palästinensische Präsident mit Israel Verhandlungen führen könne, wenn die Ergebnisse letztlich einem Referendum unterworfen würden. Die innerpalästinensischen Auseinandersetzungen verschärften sich jedoch auch nach Bildung der sogenannten Einheitsregierung im März weiter. In Reaktion auf bewaffnete Aktionen von Fatah riss die Hamas im Juni 2007 die Kontrolle über den Gaza-Streifen an sich. Daraufhin setzte Präsident Abbas eine neue Regierung im Westjordanland ein. Das Experiment einer Regierung der nationalen Einheit war gescheitert; die palästinensischen Gebiete waren fortan, mit zwei verfeindeten Regierungen, auch politisch gespalten. Der Westen stellte sich auf die Seite der Regierung in Ramallah, verschärfte die Isolation von Hamas und unterstützte die israelische Abriegelung und Blockade des Gaza-Streifens.

Auf dem Weg zum «Jahrhundertdeal»? Gleichzeitig unternahm die internationale Gemeinschaft unter Führung der USA Schritte, um den palästinensischen Präsidenten durch diplomatische und finanzielle Unterstützung zu stärken, den palästinensischen Sicherheitssektor zu reformieren und einen neuen Friedensprozess in Gang zu bringen. Im November 2007 lud der US-amerikanische Präsident George W. Bush den palästinensischen Präsidenten Abbas und den israelischen Premier Ehud Olmert nach Annapolis ein und initiierte neue Verhandlungen, die bis Ende 2008 zu einem Friedensabkommen führen sollten. Nachdem Olmert im September 2008 wegen Korruptionsvorwürfen zurücktreten musste, führte seine Außenministerin Tzipi Livni die Verhandlungen noch bis Ende des Jahres weiter, brach sie dann aber trotz Fortschritten ab, da für Februar 2009 Neuwahlen anberaumt worden waren. Im Dezember 2008 lief auch ein zwischen Israel und der Hamas 2006 vereinbarter Waffenstillstand aus; auf eine Verlängerung konnten sich die Parteien nicht einigen. Schon seit November 2008 hatte sich die Situation durch wechselseitigen Beschuss wieder zugespitzt. Dieser führte zu einer erneuten kriegerischen Auseinandersetzung zur Jahreswende 2008/2009, die einmal mehr massive Zerstörungen im Gaza-Streifen und rund 1400 Tote (ganz überwiegend auf palästinensischer Seite) mit sich brachte.

Als Barack Obama Anfang 2009 US-Präsident wurde, keimte erneut Hoffnung auf einen Friedensprozess auf. Denn Obama wollte einen Neubeginn der USA im Verhältnis zur arabischen und islamischen Welt wagen und hielt dafür Fortschritte in der Palästinafrage für entscheidend. Allerdings kamen die Bemühungen der Obama-Administration über Vorgespräche mit den Unterhändlern beider Seiten und Pendeldiplomatie letztlich nicht hinaus. Der Konflikt zwischen der Hamas und Israel eskalierte gleichzeitig in immer kürzeren Abständen und mit immer verheerenderen Auswirkungen, was Opferzahlen und Zerstörung anging, zuletzt im Sommer 2014. Parallel zur militärischen Gewalt nahm auch jedes Mal die Dämonisierung der jeweils anderen Seite zu: Während man die eigene Partei im Wesentlichen als Opfer wahrnahm, sprach man der anderen jeglichen Friedenswillen und jegliche Friedensfähigkeit ab und blendete ihre Bedürfnisse und Ängste aus.

Letztlich gelang es Obama – trotz des unermüdlichen Einsatzes seines Außenministers John Kerry – nicht einmal, den palästinensischen Präsidenten und den israelischen Premier an einen Tisch zu bringen. Die letzten Verhandlungsbemühungen scheiterten im April 2014. Mittlerweile setzte nicht mehr nur die israelische, sondern auch die palästinensische Seite auf unilaterale Schritte. Die Palästinenser versprachen sich von Verhandlungen mit dem nationalkonservativen Likudführer Benjamin Netanjahu, der seit März 2009 wieder Premier war, keine Fortschritte im Hinblick auf Unabhängigkeit und ein Ende der Besatzung, da dieser nicht einmal mehr zu einem Siedlungsstopp, geschweige denn zur Akzeptanz eines souveränen palästinensischen Staates bereit war. Die palästinensische Führung trieb nun die staatliche Anerkennung durch möglichst viele andere UN-Mitglieder, eine Statusaufwertung bei den UN und den Beitritt zu internationalen Organisationen, nicht zuletzt dem Internationalen Strafgerichtshof, voran. Auch wenn sie dabei leidlich erfolgreich war – im November 2012 erfolgte die Statusaufwertung in den UN, allerdings nicht als Vollmitglied, sondern lediglich als «non-member observer state» –, die Situation vor Ort veränderte sich dadurch nicht zu ihren Gunsten.

Die im Mai 2015 in Israel gebildete rechtsnationalistische-religiöse Koalition trieb den Siedlungsbau weiter voran und ebnete den Weg zur Annexion von Teilen des Westjordanlandes. Im Februar 2017 verabschiedete die Knesset das «Gesetz zur Regularisierung der Besiedlung Judäas und Samarias». Es schafft die Rechtsbasis, um Siedler-Außenposten, bis dato auch nach israelischem Recht illegal, zu legalisieren – selbst wenn diese auf palästinensischem Privatland errichtet wurden. Im März 2017 genehmigte sie die erste gänzlich neue Siedlung seit 20 Jahren. Im Januar 2019 beendete sie die temporäre internationale Beobachtermission in Hebron (Temporary International Presence in Hebron, TIPH), die dort seit 1994 fast durchgehend eingesetzt war und deeskalierende Wirkung hatte.

In ihrer konfrontativen Haltung gegenüber den Palästinensern fühlte sich die israelische Regierung durch die Trump-Administration ermutigt. Diese stellte sich klar aufseiten Israels und bekannte sich nicht eindeutig zu einer Zweistaatenregelung. Im Dezember 2017 erkannte sie Jerusalem als Hauptstadt Israels an und kündigte die Verlegung der US-Botschaft dorthin an. Daraufhin war die palästinensische Führung nicht mehr bereit, die USA als Vermittlerin zu akzeptieren. Die USA verstärkten den Druck auf die Palästinenser, indem sie die finanzielle Unterstützung für die PA, die Zivilgesellschaft und für UNRWA einstellten und das US-amerikanische Generalkonsulat in Ost-Jerusalem sowie die palästinensische Vertretung in den USA schlossen. Allerdings wurde es dadurch äußerst unwahrscheinlich, dass der von der Trump-Administration angekündigte Jahrhundertdeal zur Regelung des israelisch-palästinensischen Konflikts die Akzeptanz der palästinensischen Seite finden würde.

Immer wieder eskalierte die Situation vor allem über die Frage Jerusalems bzw. den Tempelberg / Haram al-Sharif. Ab Ende März 2018 standen die Auseinandersetzungen am Grenzzaun Gazas im Fokus und führten mehrfach an den Rand kriegerischer Auseinandersetzungen. Die ursprünglich aus der palästinensischen Zivilgesellschaft angestoßenen Proteste des sog. Great March of Return erinnerten anlässlich des 70. Jahrestags der Nakba an das Recht auf Rückkehr und forderten eine Aufhebung der Blockade. Sie führten in Israel zu beträchtlichen Schäden durch brennende Drachen und Ballons, die in Gaza auf den Weg gebracht wurden. Zugleich behielten sie aber ihren unbewaffneten Charakter nahezu vollständig bei. Im ersten Jahr der Proteste kamen bei gewaltsamen Zusammenstößen zwischen Demonstranten und der israelischen Armee laut UN 189 Palästinenser und ein Israeli ums Leben, über 9200 Palästinenser wurden zum Teil schwer verletzt. Die Zunahme der Auseinandersetzungen illustrierte die Erosion des in Oslo vereinbarten Konfliktmanagements. Eine erneute Eskalation und ein Zusammenbruch der PA wurden zunehmend wahrscheinlich.

III. Friedensverhandlungen: Positionen und Lösungsansätze

Die Nahost-Konferenz von Madrid, die die USA Ende Oktober 1991 vor dem Hintergrund des Zweiten Golfkriegs und des Zusammenbruchs der Sowjetunion einberiefen, leitete eine neue Phase von Friedensverhandlungen im Nahen Osten ein. Zum ersten Mal seit 1948 wurde auf Basis der Sicherheitsratsresolutionen 242 und 338 von 1967 bzw. 1973 und des Prinzips «Land für Frieden» eine umfassende Friedensregelung für den israelisch-arabischen Konflikt unter Beteiligung aller Parteien angestrebt. Dazu wurden in Madrid und bei den Folgekonferenzen in Washington 1991–1993 bilaterale Verhandlungsschienen zwischen Israel auf der einen sowie Jordanien, Syrien und Libanon auf der anderen Seite etabliert, um jeweils Friedensabkommen auszuhandeln. Die Palästinenser waren in einer gemeinsamen jordanisch-palästinensischen Delegation vertreten. Die PLO blieb zunächst offiziell ausgeklammert, auch wenn die nominell unabhängigen palästinensischen Vertreter in der Delegation sich eng mit der Exilführung in Tunis abstimmten. Neben den bilateralen Verhandlungen wurde in Madrid unter Federführung der USA und Russlands und unter Einbeziehung von Staaten der Region (der arabischen Golfstaaten, Jemens und der nordafrikanischen Staaten mit Ausnahme Libyens) sowie weiterer interessierter Staaten ein multilaterales Verhandlungsforum eingerichtet.

1. Multilaterale Nahostverhandlungen

Im multilateralen Rahmen sollten nicht nur grenzüberschreitende Probleme gemeinsam angegangen, sondern auch regionale Kooperation gefördert werden, um so langfristig die Rahmenbedingungen für regionale Stabilität und Wohlstand im

Nahen Osten zu schaffen. In fünf Arbeitsgruppen sollten die Themen Rüstungskontrolle, Flüchtlinge, Wasser, Umwelt und regionale wirtschaftliche Entwicklung behandelt werden.

Schon bald stellte sich allerdings heraus, dass es den arabischen Konfliktparteien wichtiger war, zunächst in bilateralen Verhandlungen territoriale Fragen zu regeln und konkrete Sicherheitsvorkehrungen zu treffen. Erst danach waren sie bereit, über regionale Zusammenarbeit zu verhandeln. So erzielten die multilateralen Arbeitsgruppen kaum substanzielle Fortschritte. Und dies, obwohl in den Folgejahren mehrere große regionale Wirtschaftskonferenzen stattfanden und, mit internationaler Unterstützung, mehrere Institutionen für regionale Zusammenarbeit gegründet wurden: ein permanentes Sekretariat für wirtschaftliche Zusammenarbeit in Jordanien, ein Forschungszentrum für Meerwasserentsalzung in Oman und ein regionales Trainingszentrum für Umweltmanagement in Jordanien.

Für Israel bot das multilaterale Format die Möglichkeit, wirtschaftliche Kontakte zu den kleineren Golfstaaten sowie zu Marokko und Tunesien zu knüpfen, damit die Boykottfront zu durchbrechen und Handelsbeziehungen zu etablieren. Gleichzeitig gelang es, aus der weitgehenden internationalen Isolation auszubrechen. Allein bis zum Jahr 2000 wurden diplomatische Beziehungen mit 70 Staaten neu etabliert, darunter eine beträchtliche Zahl islamischer Länder. In Tunesien, Marokko und Oman etablierte Israel Handels- bzw. Interessenvertretungen. Anfang 2019 hatte Israel insgesamt mit 162 Staaten diplomatische Beziehungen.

Die wiederholte gewaltförmige Zuspitzung des israelisch-arabischen Konflikts wirkte sich negativ auf diese Beziehungen und auf den multilateralen Prozess aus: Im Frühjahr 1996 suspendierten die arabischen Konfliktparteien alle offiziellen multilateralen Treffen und froren den Normalisierungsprozess ein – zunächst in Reaktion auf israelische Luftangriffe im Süd-Libanon (sogenannte Operation «Früchte des Zorns» bzw. «April-Krieg»), dann aufgrund der Verhärtung der israelischen Positionen in der ersten Regierungszeit Netanjahus 1996–1999. Internationale Versuche, den multilateralen Prozess nach dem

Amtsantritt von Premier Ehud Barak im Frühsommer 1999 wiederzubeleben, blieben erfolglos. Die Arabische Friedensinitiative von 2002 blieb vonseiten Israels unbeantwortet (s. Kapitel II).

2. Bilaterale Verhandlungen

Auf bilateraler Ebene begannen substanzielle Verhandlungen erst, nachdem 1992 Israels Premierminister Jitzhak Schamir durch Jitzhak Rabin abgelöst worden war. Parallel zu den offiziellen israelisch-jordanisch-palästinensischen Verhandlungen wurden ab Frühjahr 1993 israelisch-palästinensische Geheimverhandlungen in Oslo geführt. Ergebnis war die israelisch-palästinensische Prinzipienerklärung vom September 1993. Die gegenseitige Anerkennung Israels und der PLO und die Einigung auf einen Prozess, der zur friedlichen Lösung dieses Konflikts führen sollte, machten wiederum den Weg für die arabischen Staaten frei, mit Israel über territorialen Ausgleich und Friedensverträge zu verhandeln.

Israel – Jordanien: Rasche Einigung Jordanien, das schon seit Langem verdeckt mit Israel kooperiert hatte, um seine Interessen zu sichern, schloss im Oktober 1994 einen Friedensvertrag mit Israel ab, der den Kriegszustand zwischen beiden Staaten offiziell beendete, diplomatische Beziehungen etablierte und eine Zusammenarbeit insbesondere in den Bereichen Wirtschaft, Tourismus, Ressourcennutzung und Infrastruktur sowie Verbrechensbekämpfung vorsah. Der Vertrag legte die internationale Grenze zwischen beiden Ländern mit geringfügigen Änderungen auf Basis der «Mandatsgrenzen» (also der Grenze zwischen den Mandatsgebieten Palästina und Transjordanien) fest und etablierte eine Aufteilung des Jordanwassers, israelische Wasserlieferungen an Jordanien und eine Kooperation bei der Bekämpfung der Wasserknappheit. Das Flüchtlingsproblem sollte in den israelisch-palästinensischen Endstatus- und den entsprechenden multilateralen Verhandlungen geklärt werden. Israel erkannte überdies die besondere Rolle des Haschemitischen Königreichs, dessen Monarchie ihren Ursprung auf den Propheten Mohammed zurückführt, im Hinblick auf die islamischen Heiligen Stätten in Jerusalem (Felsendom und Al-Aksa-Moschee) an und sagte zu, Gläubigen dort freien Zugang zu gewährleisten.

Konkret wurden begrenzte Schritte zur Normalisierung der zwischenstaatlichen Beziehungen eingeleitet: Eine jordanische Botschaft wurde in Tel Aviv und eine israelische in Amman eröffnet, direkte Telefonverbindungen wurden eingerichtet, die Elektrizitätsnetze verknüpft, neue Grenzübergänge eröffnet, der Weg für direkte Flugverbindungen wurde freigemacht und eine grenzüberschreitende Zusammenarbeit der Polizei bei der Verbrechensbekämpfung initiiert. Ein Handelsabkommen war die Basis für mehrere gemeinsame Industrieparks im Grenzgebiet, deren Einrichtung insbesondere durch die USA unterstützt wurde.

Gleichwohl blieb der Frieden zwischen den beiden Nachbarn ein «kalter Frieden». In Jordanien lehnen nach wie vor große Teile der Bevölkerung den Friedensvertrag ab. Einmal, weil Jordanien kaum von der erwarteten ökonomischen Friedensdividende profitiert und Israel zwar formal das 1967 eroberte jordanische Gebiet zurückgegeben hat, aber einen Teil davon nach wie vor zur landwirtschaftlichen Nutzung gepachtet hat, vor allem aber, weil der israelisch-palästinensische Konflikt weiter ungelöst ist. Dies hat besondere Bedeutung in Jordanien, denn die Palästinenser beziehungsweise Jordanier palästinensischer Herkunft stellen dort die Bevölkerungsmehrheit.

Israel – Syrien: Jordanufer und Golan Auch Syrien und Israel führten nach 1992 zum ersten Mal ernsthafte Friedensgespräche. Dabei ging es in erster Linie um das von Israel 1967 besetzte und 1981 annektierte syrische Territorium der Golanhöhen, die damit verbundene Wassernutzung, beidseitige Sicherheitsvorkehrungen, die Normalisierung der Beziehungen und die palästinensischen Flüchtlinge in Syrien. Nachdem Premierminister Rabin seine Bereitschaft zu einem vollständigen Rückzug israelischer Truppen von den 1967 besetzten Golanhöhen im Gegenzug zu einem umfassenden Friedensvertrag signalisiert hatte, kam es 1995/1996 unter US-amerikanischer Vermittlung zu intensiven Verhandlungen. Unter Premierminister Barak wurden die offiziellen Gespräche ab Dezember 1999 wieder aufgenommen. Aber obgleich eine weitgehende Annäherung der Positionen stattfand, zögerte Barak, einer Aufgabe von Territorium im Gegenzug zu Frieden zuzustimmen. So brachen die Verhandlungen, trotz eines intensiven Engagements von US-Präsident Bill Clinton, im Frühjahr 2000 ab.

Nach dem Tod des langjährigen syrischen Präsidenten Hafiz al-Assad im Juni 2000 fanden keine Verhandlungen auf Regierungsebene mehr statt. Allerdings kam es zu inoffiziellen Gesprächen, zunächst unter schweizerischer (2004–2007) und ab 2007 unter türkischer Vermittlung. Laut Recherchen der israelischen Tageszeitung Haaretz, die im März 2019 veröffentlich wurden, wurden 2010/2011 einmal mehr Gespräche unter amerikanischer Vermittlung geführt. Sie wurden aufgrund der Eskalation der Gewalt in Syrien im März 2011 abgebrochen.

Strittig blieb in den Verhandlungen vor allem der genaue Umfang eines «vollständigen israelischen Abzugs» von den Golanhöhen, insbesondere die Kontrolle über das nordöstliche Jordanufer und den nordöstlichen Uferstreifen des Sees Genezareth. Syrien beharrte auf der vollständigen Rückgabe des 1967 besetzten Gebiets, Israel wollte sich lediglich auf die Waffenstillstandslinien von 1949 zurückziehen, die ihm Zugang zum gesamten Ufer des Sees gewährten.

Israel hatte 1967 nicht nur die demilitarisierten Zonen und den Zugang zum Ostufer des Jordan erobert, sondern auch das gesamte Plateau der Golanhöhen besetzt. Der syrische Versuch, das Gebiet mit dem Krieg von 1973 zurückzugewinnen, scheiterte. Seit 1974 sichert eine UN-Mission (United Nations Disengagement Observer Force, UNDOF) eine demilitarisierte Pufferzone östlich des besetzten Golan. Die Mission leistete einen wichtigen Beitrag dazu, die israelisch-syrische Front fast 40 Jahre lang ruhig zu halten. Entscheidend war hierfür indes, dass sich die Konfliktparteien darin einig waren, ihren Konflikt vor allem im bzw. über den Libanon auszutragen (s. weiter unten, Israel – Libanon).

Neben der Rückgabe des besetzten Gebiets müsste es im Rahmen eines Friedensabkommens auf jeden Fall demilitarisierte Zonen und internationale Sicherheitsgarantien geben, um das tiefe gegenseitige Misstrauen beider Seiten zu überwinden. Aber in den 2000er-Jahren hatte sich die regionale Situation verändert: Aufgrund des israelischen Abzugs aus dem Südlibanon 2000, der Unterstützung Syriens für die Hisbollah im Krieg 2006, der zunehmend engen Allianz Syriens mit dem Iran und der syrischen Unterstützung militanter palästinensischer Gruppierungen rückte für Israel die Forderung nach einer strategischen Umorientierung Syriens in den Vordergrund. Ohne eine solche gäbe es keine Basis für Friedensgespräche, betonte etwa der israelische Premierminister Ehud Olmert.

Allerdings gab – und gibt – es auf israelischer Seite weitere Hürden für ein Friedensabkommen. Während es in Israel in der Bevölkerung seit den Oslo-Abkommen nahezu durchgehend eine Mehrheit für einen Abzug aus den palästinensischen Gebieten im Gegenzug zu Frieden gab, war und ist eine deutliche Mehrheit gegen einen Abzug von den Golanhöhen. Dies liegt neben der Wahrnehmung Syriens als Bedrohung vor allem an den wirtschaftlichen Interessen Israels: Die Golanhöhen sind eines der wichtigsten Gebiete für Landwirtschaft und vor allem Weinbau, zudem ein wichtiges Naherholungsgebiet mit mehreren Naturparks, das viele Israelis nicht aufgeben wollen. Auch sind der Jordan und seine Zuflüsse, die zum Teil im Libanon (Hasbani) und auf den Golanhöhen (Banias) entspringen, entscheidend für Israels Trinkwasserversorgung (s. Kapitel III.3). Außerdem wurden in den letzten Jahren auf den Golanhöhen Erdölvorkommen entdeckt.

Ausarbeitungen von Nahostexperten, wie des US-Amerikaners Frederic C. Hof, sowie die inoffiziellen Gespräche der 2000er-Jahre zeigen Wege auf, wie sich die Interessen beider Seiten vereinbaren lassen könnten. Sie schlagen etwa einen Naturpark auf den Golanhöhen vor, der unter syrischer Hoheit stehen und gleichzeitig Touristen und Israelis weitgehenden Zugang einräumen würde. Der Park würde sich in demilitarisiertem und von internationalen Truppen kontrolliertem Gebiet befinden. So könnte der syrischen Forderung nach einem israelischen Abzug bis auf die Linien von 1967 entsprochen, dem Sicherheitsbedürfnis beider Seiten nachgekommen und den israelischen Sorgen in Bezug auf den Schutz seiner Wasserversorgung entgegengekommen werden.

Seit Ausbruch des Bürgerkriegs in Syrien (s. Kapitel IV) sind Friedensverhandlungen zwischen beiden Staaten in weite Ferne gerückt. Zwar wäre ein Ausgleich nach einer Beendigung des Bürgerkriegs keineswegs unmöglich, denn die zentralen Elemente eines Friedensabkommens liegen bereits vor. Vom Golan müsste zudem bislang nur eine relativ geringe Zahl von rund 20 000 Siedlern evakuiert werden, die deutlich weniger ideologisiert sind als diejenigen im Westjordanland. Eine israelische Rückgabe des Golan würde einer neuen syrischen Führung Kredit verleihen und dürfte ihre geopolitische Orientierung entscheidend beeinflussen. Sie dürfte damit auch deutlich zur Beruhigung der regionalen Lage beitragen und würde den Weg zu einem israelisch-libanesischen Friedensabkommen frei machen. Allerdings sind erneute Verhandlungen zumindest in der Ära Trump nicht zu erwarten. Denn die USA erkannten im März 2019 die israelische Souveränität über die Golanhöhen an. Dies wurde in Israel nicht nur von den Parteien rechts des Zentrums, sondern auch von der Arbeitspartei ausdrücklich begrüßt.

Israel – Libanon: Grenzverlauf und Hisbollah Die Verhandlungen zwischen Israel und dem Libanon waren von Anfang an von Syriens Interessen überschattet. Denn der Libanon stand nach dem Ende des dortigen Bürgerkriegs seit 1991, je nach Lesart, unter syrischem Schutz oder unter syrischer Besatzung. Während Syrien und Israel ihre direkte Grenzlinie ruhig hielten, trugen sie ihren Konflikt immer wieder im oder über den Libanon aus. Syrien unterstützte sowohl palästinensische Guerillas als auch die libanesische Hisbollah dabei, Angriffe aus dem Libanon auf Israel auszuführen. Israel intervenierte nicht nur militärisch in den libanesischen Bürgerkrieg (1978, 1982–1985) und führte wiederholt Militäroperationen vor allem gegen die Hisbollah durch (1996, 2006), sondern hielt seinerseits von

1982 (bzw. 1985) bis 2000 eine Zone im Süden (sog. «Sicherheitszone») besetzt und kooperierte dort mit der sogenannten Südlibanesischen Armee als lokalem Stellvertreter. Sowohl Syrien als auch der Libanon betonten immer wieder, dass die syrische und die libanesische Verhandlungsschiene nicht zu trennen seien. 1994 wurden die bilateralen israelisch-libanesischen Gespräche abgebrochen. Bis heute steht ein Friedensabkommen zwischen Israel und dem Libanon, das den genauen Grenzverlauf, die Wassernutzung und das Schicksal der palästinensischen Flüchtlinge vertraglich regeln würde, aus.

Dabei sollte eine Regelung zwischen dem Libanon und Israel eigentlich relativ einfach sein. Denn Israel stellt keine territorialen Ansprüche im Libanon. Im Mai 2000 zog die israelische Armee einseitig aus dem Südlibanon ab, ohne dies mit Syrien oder dem Libanon ausgehandelt zu haben. In Bezug auf den Grenzverlauf ist vor allem das Gebiet der Schebaa-Farmen am Fuße des Berges Hermon umstritten, das nach wie vor von Israel besetzt ist. Nach libanesischer (und syrischer) Interpretation liegt es auf libanesischem Territorium. Da Israel das Gebiet nicht vollständig geräumt habe, sei auch der israelische Abzug aus dem Libanon nicht vollständig. Dies rechtfertigt in den Augen der Hisbollah anhaltenden «Widerstand». Nach Interpretation Israels, die von den UN bestätigt wird, liegt das Gebiet auf syrischem Territorium, Israel sei demnach vollständig aus dem Libanon abgezogen. Allerdings besetzte Israel während des Krieges 2006 ein kleines Gebiet wieder, das es 2000 bereits geräumt hatte: das Dorf Ghadschar, dessen nördlicher Teil auf libanesischem Gebiet nahe der Wazzani-Quelle liegt, dessen überwiegend alawitische Einwohner aber zum großen Teil die israelische Staatsbürgerschaft besitzen.

Im April 2005 zog auch Syrien, infolge massiven internationalen Drucks und den Massendemonstrationen der sogenannten Zedernrevolution, seine Truppen aus dem Libanon zurück, ohne allerdings seine Geheimdienstpräsenz oder seinen politischen Einfluss aufzugeben. Bei der Protestbewegung hatten Hunderttausende von Libanesen nach der Ermordung des ehemaligen libanesischen Premierministers Rafik Hariri im Februar

2005, für die allgemein Syrien verantwortlich gemacht wurde, den Abzug gefordert. Ermutigt fühlten sie sich dabei durch die von Frankreich und den USA im September 2004 initiierte Sicherheitsratsresolution 1559, die den Abzug syrischer Truppen und die Entwaffnung aller Milizen gefordert und zu freien Präsidentschaftswahlen aufgerufen hatte. Eine Demarkierung der Grenze zwischen Syrien und Libanon, wie im Oktober 2008 von den beiden Regierungen grundsätzlich beschlossen, würde in Bezug auf die Zugehörigkeit der Schebaa-Farmen Klarheit schaffen und somit dazu beitragen, einen der wenigen verbleibenden Streitpunkte zwischen Israel und dem Libanon auszuräumen.

Israels Hauptsorge gilt der Gefahr, die von den bewaffneten Gruppierungen im Libanon ausgeht. Im Krieg 2006 gelang es der Hisbollah, zum ersten Mal nicht nur Städte und Dörfer im Norden Israels, sondern bis weit ins Landesinnere hinein zu beschießen. Israel fordert deshalb die Entwaffnung bzw. Auflösung der Hisbollah und anderer Milizen. Tatsächlich sieht die Sicherheitsratsresolution 1701 vom August 2006 nicht nur einen Waffenstillstand und eine massive Aufstockung der UN-Truppen im Süden des Landes vor, sondern auch ein Waffenembargo gegen Hisbollah und andere nichtstaatliche Akteure sowie die Unterstützung der libanesischen Armee dabei, den Süden des Landes unter staatliche Kontrolle zu bringen. Die Truppen der United Nations Interim Force in Lebanon (UNIFIL) waren bereits seit 1978 im Südlibanon stationiert, allerdings weitgehend erfolglos dabei, Feindseligkeiten und kriegerische Auseinandersetzungen zu verhindern. Auch das jetzige Mandat erlaubt keine Entwaffnung der militanten Gruppierungen oder eine effektive Durchsetzung des Waffenembargos, nicht zuletzt, weil UNIFIL die syrisch-libanesische Grenze nördlich des Litani-Flusses und den Flughafen Beirut nicht kontrolliert. Israel sieht sich daher gezwungen, selbst gegen die Bedrohung vorzugehen. Im Dezember 2018 zerstörte es in einer Militäroperation Tunnel der Hisbollah unter der Grenze, die zu Angriffen hätten dienen können.

Zwar hat es seit 2006 Fortschritte gegeben: Die libanesische

Armee ist zum ersten Mal nach fast 30 Jahren auch im Süden des Landes präsent, und es ist ein deutlicher Rückgang der Angriffe auf Israel durch Hisbollah und andere Gruppierungen zu verzeichnen. Außerdem wurden regelmäßige trilaterale Treffen zwischen UNIFIL und Vertretern der Armeen des Libanon und Israels eingerichtet. Zudem hat UNIFIL damit begonnen, die internationale «Grenze» zwischen Israel und dem Libanon (sog. Blaue Linie) sichtbar zu demarkieren. Gleichwohl droht eine erneute kriegerische Eskalation im Zusammenhang mit dem Bürgerkrieg in Syrien, in dem die Hisbollah an der Seite der Regimetruppen und des Iran kämpft.

3. Israelisch-palästinensische Streitfragen

Bei den Oslo-Verhandlungen der frühen 1990er-Jahre wurden die Hauptstreitpunkte zwischen Israel und den Palästinensern zunächst ausgelagert und auf spätere Verhandlungen vertagt. In den sogenannten Endstatusverhandlungen sollten dann insbesondere die folgenden Fragen geklärt werden: der Verlauf der Grenzen und der völkerrechtliche Status eines künftigen palästinensischen Staates sowie gegenseitige Sicherheitsvorkehrungen; die Zukunft der jüdischen Siedlungen im Westjordanland, im Gaza-Streifen und in Ost-Jerusalem; die Kontrolle über Jerusalem, inklusive des Zugangs zur Altstadt und zu den Heiligen Stätten; die palästinensische Flüchtlingsfrage; sowie die Aufteilung und das Management der Ressourcen, insbesondere des Wassers. Diese Verhandlungen hätten ursprünglich bis zum Ende der Übergangsperiode im Mai 1999 abgeschlossen sein und ein endgültiges Friedensabkommen hervorbringen sollen.

Dabei liegen für alle Konfliktfelder bereits Lösungsansätze vor: Bill Clinton hat im Dezember 2000 auf Basis der Positionen der Konfliktparteien die sog. «Clinton-Parameter» vorgelegt; der damalige EU-Sonderbeauftragte Miguel Ángel Moratinos hat die Ergebnisse der Verhandlungen im ägyptischen Taba vom Januar 2001 zusammengefasst («Taba-Acquis»); die inoffizielle Genfer Initiative vom Dezember 2003 hat einen konkreten Friedensplan entworfen. Heute aber liegen die Positionen bei sämtlichen Endstatus-Themen weit auseinander – deutlich weiter als in bisherigen Verhandlungen.

Die Suche nach Lösungen für die Kernfragen des israelisch-palästinensischen Konflikts gestaltet sich äußerst schwierig. Dies liegt nicht zuletzt am Misstrauen zwischen den Parteien und den Zweifeln daran, ob die jeweils andere Seite den Konflikt wirklich beenden oder sich nur eine bessere Ausgangsposition für die nächste Phase des Konflikts schaffen will. Es liegt aber auch daran, dass alle Problemfelder miteinander verknüpft sind und dass die Streitfragen an das kollektive Selbstverständnis der beiden Völker, die jeweilige Geschichtsinterpretation und die Legitimität ihrer (künftigen) staatlichen Verfasstheit rühren. Das gilt insbesondere für die Flüchtlingsfrage. Zudem sind Lösungen vielfach nur in einem multilateralen Rahmen zu finden, der die Interessen aller Nachbarstaaten berücksichtigt. Diese müssten insbesondere bei Verhandlungen über Flüchtlinge, Wasser und Sicherheitsvorkehrungen einbezogen werden.

Die Zweistaatenregelung Seit der Teilungsresolution der UN von 1947 hat sich in der internationalen Gemeinschaft langsam die Auffassung durchgesetzt, dass nur eine Zweistaatenregelung eine realistische Option für eine tragfähige und dauerhafte Regelung des Konflikts darstellt. Dies ist nicht zuletzt im März 2002 vom UN-Sicherheitsrat in Resolution 1397 und im Juni 2002 zum ersten Mal explizit von einem amerikanischen Präsidenten (George W. Bush) bestätigt worden. Die Prinzipienerklärung von Oslo war insofern ein entscheidender Schritt auf diesem Weg, als die PLO den Staat Israel förmlich anerkannte und Israel immerhin die PLO – und damit das Existenz- und Selbstbestimmungsrecht der Palästinenser.

Allerdings ist seit dem Scheitern der Verhandlungen in Camp David 2000 und der Zweiten Intifada hinsichtlich der Möglichkeit einer verhandelten Konfliktregelung eine deutliche Ernüchterung eingetreten. Diese ist im Zuge des Arabischen Frühlings noch verstärkt worden. Seither vertritt die israelische Regierung immer offensiver die Position, dass unter den gegebenen Umständen ein Ende der Besatzung und die Errichtung eines souveränen palästinensischen Staates für Israel aus Sicherheitsgründen nicht akzeptabel seien (s. Kapitel IV). Die Ernüchterung spiegelt sich auch deutlich in neueren Meinungsumfragen wider: Während über lange Zeit Mehrheiten in beiden Bevölkerungen eine Zweistaatenregelung befürworteten, ist dies heute nicht mehr der Fall. Damit haben auch andere Optionen, wie ein binationaler oder ein geeinter demokratischer Staat, die lange Zeit nur von Minderheiten vertreten wurden, wieder Aufwind erhalten (s. Kapitel V).

Bei denjenigen, die grundsätzlich für eine Zweistaatenregelung eintreten, gehört zum Konsens, dass sich das Territorium des palästinensischen Staates im Wesentlichen an den Grenzen von 1967 orientieren wird, also die im Juni 1967 von Israel besetzten palästinensischen Gebiete des Westjordanlandes inklusive Ost-Jerusalems und des Gaza-Streifens umfasst. Zwar ist die palästinensische Führung der Ansicht, dass sie bereits einen historischen Kompromiss eingegangen sei, als sie ihre Forderungen auf diese Gebiete beschränkte, die lediglich rund 22 Prozent des ehemaligen britischen Mandatsgebiets ausmachten – im Gegensatz zum UN-Teilungsplan von 1947, in dem ein arabischer Staat vorgeschlagen worden war, der etwa 43 Prozent des Gebiets entsprochen hätte. Dennoch haben palästinensische Verhandlungsführer in bisherigen Verhandlungen zugestimmt, dass es zudem einen begrenzten und gleichwertigen Landtausch geben könnte. Demnach würde ein Teil der Siedlungen entlang der Grünen Linie Israel zugeschlagen. Palästina würde dafür andere Gebiete im heutigen Kernland Israels erhalten. Bedingung wäre allerdings, dass das palästinensische Gebiet nicht noch weiter zersplittert und die Bevölkerung in etwaigen Austauschgebieten zustimmen würde.

Für israelische Verhandlungsführer der Arbeitspartei standen bei den Verhandlungen zunächst Sicherheitsüberlegungen im Vordergrund sowie das Ansinnen, israelische Souveränität über die großen Siedlungsblöcke entlang der Grünen Linie zu erhalten. Selbst Premierminister Netanjahu bekannte sich unter internationalem Druck in einer vielbeachteten Rede an der Bar-Ilan-Universität 2009 grundsätzlich zu einer Zweistaatenregelung. Im Wahlkampf 2015 versprach er allerdings seinen Wählern explizit, dass unter seiner Regierung kein palästinensischer Staat entstehen werde. Er weigert sich auch, die Grenzen von 1967 als Basis von Verhandlungen anzuerkennen. So müssten insbesondere Jerusalem geeinte Hauptstadt Israels und der Jordangraben langfristig unter israelischer Kontrolle bleiben. Er beharrt zudem darauf, dass selbst isolierte Siedlungen, die sich inmitten palästinensischer Bevölkerungskonzentrationen befinden, unter israelischer Kontrolle bleiben müssten.

In keiner der bisherigen Verhandlungsrunden konnte Einigkeit darüber erzielt werden, wie die Grenze zwischen Israel und dem Westjordanland im Detail verlaufen würde. Die Grenze zwischen Israel und dem Gaza-Streifen war hingegen zwischen den beiden Seiten nicht umstritten. Clinton schlug Ende 2000 vor, dass 94–96 Prozent des Westjordanlandes Teil des palästinensischen Staates sein sollten und es für die verbleibenden Gebiete einen Landtausch geben sollte. Wie das genau aussehen könnte, wurde in Taba weiterdiskutiert. Die Genfer Initiative legte 2003 detaillierte Karten für eine territoriale Regelung vor, der sowohl die israelischen als auch die palästinensischen Beteiligten zugestimmt hatten. Während diese Bemühungen von der palästinensischen Führung Unterstützung erfuhren, wurden sie von der damaligen israelischen Regierung durchweg abgelehnt. Gleichwohl wurden sie zu einem gewissen Referenzrahmen auch für nachfolgende israelische Regierungen, die sich freilich nur die ihnen dienlichen Elemente herauspickten – etwa indem sie darauf verwiesen, dass die Palästinenser dem Fortbestand gewisser Siedlungen ja bereits zugestimmt hätten und die Forderung nach einem Siedlungsstopp dort folglich keinen Sinn ergebe.

Ungelöst geblieben ist bislang auch die Frage, wie der territoriale Zusammenhang zwischen Westjordanland, Ost-Jerusalem, Gaza-Streifen und etwaigen Austauschgebieten, die sich heute im Kernland Israels befinden, geschaffen werden soll. Das Problem der territorialen Einheit eines palästinensischen Staates stellt sich noch einmal verschärft seit der Machtübernahme der Hamas im Gaza-Streifen im Juni 2007. Denn angesichts der politischen Spaltung zwischen Westjordanland und Gaza-Streifen und der Verfestigung von jeweils eigenen Sicherheitsapparaten, Behörden und Gesetzgebungen ist völlig unklar, wie Zweistaatlichkeit überhaupt realisiert werden kann. Vielfach wird der Gaza-Streifen daher mittlerweile in Überlegungen zu einer Regelung zunächst ganz ausgeklammert – oder es ist die Rede von einer «Dreistaatenregelung». Umstritten ist zudem, was mit der Bevölkerung in den Austauschgebieten geschehen würde – ob sie israelische Staatsbürger bleiben oder palästinensische werden würden und wer darüber in welcher Form (Befragung der betroffenen Bevölkerung vs. Verhandlungen zwischen den beiden Führungen) entscheiden würde.

Dabei wären wichtige Vorbedingungen für die Lebensfähigkeit eines künftigen palästinensischen Staates und für eine Verringerung der Reibungspunkte zwischen beiden Konfliktparteien eine palästinensische Kontrolle über die Außengrenzen sowie eine weitgehende territoriale Kontinuität. Das bedeutet ein Staatsgebiet, das nicht von Enklaven, Straßen, Sicherheitszonen und Militäranlagen unter israelischer Kontrolle zerschnitten ist und dessen einzelne Teile (also Westjordanland, Gaza-Streifen, Ost-Jerusalem und Austauschgebiete) durch Verbindungswege unter palästinensischer Hoheit miteinander verbunden wären.

Dagegen könnte die Souveränität des palästinensischen Staates durchaus zunächst eingeschränkt sein. Um israelischen Sicherheitsinteressen zu genügen, ließe sich beispielsweise eine weitgehende Entmilitarisierung und Einschränkung seiner Bündnisfreiheit vereinbaren. Vorstellbar wären auch die Einrichtung von Frühwarnposten im Jordangraben, eine internationale Überwachung der Außengrenzen sowie die Sicherung der Grenzen zwischen den beiden Staaten durch internationale Beobachter bzw. Friedenstruppen. In bisherigen Verhandlungen hatten die Palästinenser schon akzeptiert, dass ihr Staat keine schweren Waffen besitzen, zunächst keine Bündnisfreiheit genießen und für eine Übergangsfrist israelische Truppen im Jordangraben dulden würde. Die Clinton-Parameter sehen hierfür eine Übergangsfrist von drei Jahren vor. Die von Netanjahu geführten Regierungen bestanden allerdings in den letzten Jahren durchweg auf einer langfristigen israelischen Präsenz im Jordangraben. Abbas' Vorschlag, diese durch NATO-Truppen zu ersetzen, wies der israelische Premier 2014 zurück. Israel beharrt auch darauf, in bestimmten Fällen Verdächtige in Palästina verfolgen zu dürfen (sog. «right of hot pursuit»). Beides würde bedeuten, dass israelische Militärpräsenz und Militäroperationen fortdauern würden und Palästina nach wie vor nicht in der Lage wäre, seine Staatsbürger gegen Übergriffe zu schützen. Dies ist für die palästinensische Seite nicht akzeptabel.

Siedlungen in den besetzten Gebieten Seit der Besetzung der palästinensischen Gebiete (sowie der syrischen Golanhöhen und zunächst auch der ägyptischen Sinai-Halbinsel) im Juni 1967 haben israelische Regierungen gleich welcher Couleur den Siedlungsbau vorangetrieben. Die Politik der Regierung der Arbeitspartei zielte nach 1967 darauf ab, durch die Errichtung von Siedlungen strategisch wichtige Gebiete zu kontrollieren, das israelische Kernland zu schützen und die Herrschaft über Jerusalem zu festigen.

Die Siedlungspolitik in den besetzten Gebieten verstößt allerdings gegen das Völkerrecht. So ist es nach Artikel 49 der IV. Genfer Konvention von 1949 einer Besatzungsmacht untersagt, Zivilbevölkerung in das von ihr besetzte Gebiet zu transferieren. Das Statut des Internationalen Strafgerichtshofs von 1998 ermöglicht die strafrechtliche Verfolgung von Besiedlung besetzter Gebiete als Kriegsverbrechen. Das Rechtsgutachten des Internationalen Gerichtshofes (IGH) von 2004 zum Bau der Sperranlagen in den palästinensischen Gebieten erklärt den Siedlungsbau für völkerrechtswidrig.

Selbst während des Osloer Friedensprozesses stieg die Anzahl der Siedler kontinuierlich. Von 1992 bis zum Jahr 2000 verdoppelte sich nach Angaben der israelischen Menschenrechtsorganisation B'Tselem im Westjordanland (ohne Ost-Jerusalem) die Zahl der Siedler von gut 100 000 auf knapp 200 000. Nur in Einzelfällen wurden Siedlungen geräumt: beim Abzug aus dem Sinai 1982 und im August/September 2005, als Israel rund 9000 Siedler aus dem Gaza-Streifen und – infolge massiven

Drucks der USA – auch aus vier kleinen, isolierten Siedlungen im nördlichen Westjordanland abzog. Zudem kam es immer wieder zur Räumung von Siedlungsaußenposten, die auch nach israelischem Recht illegal sind. Viele der Außenposten wurden aber entweder im Nachhinein legalisiert, nur temporär geräumt oder nach Räumung an anderer Stelle wieder errichtet.

Ende 2017 lebten nach Angaben von B'Tselem knapp 620000 Israelis in 131 Siedlungen und rund 110 Außenposten im Westjordanland, davon rund 210000 in 12 Siedlungen (ein Teil davon inmitten palästinensischer Wohngebiete) in Ost-Jerusalem. Während ein Teil der Siedler aus religiösen oder zionistischen Beweggründen in den besetzten Gebieten lebt, sind gerade in die Siedlungen in und um Jerusalem und nahe der Grünen Linie viele Israelis in erster Linie aus wirtschaftlichen Gründen gezogen. Denn Wohnraum ist dort aufgrund der staatlichen Subventionen oft wesentlich preisgünstiger als innerhalb Israels; staatliche Dienstleistungen sind in der Regel deutlich besser. Außerdem locken teils erhebliche Steuervergünstigungen.

Für den israelischen Staat sind die Siedlungen kostenintensiv, da er den Bau mit hohen Zuschüssen subventioniert und ihre Sicherheit gewährleisten muss. Der israelische Wirtschaftswissenschaftler Shir Hever kommt in seinen Berechnungen zu dem Schluss, dass die Siedlungspolitik den israelischen Staat zwischen 1970 und 2008 insgesamt rund 77 Milliarden Euro gekostet hat. Insbesondere solche Siedlungen, die wie in Ost-Jerusalem oder Hebron inmitten palästinensischer Wohngebiete liegen, provozieren immer wieder Zusammenstöße und bewaffnete Auseinandersetzungen.

Für die Palästinenser haben der fortgeführte Bau von Siedlungen, Siedlungsinfrastruktur und Verbindungsstraßen sowie deren ausschließliche Nutzung durch die Siedler eine immer stärkere Zerstückelung des für einen palästinensischen Staat vorgesehenen Territoriums, eine Einschränkung der Bewegungsfreiheit, eine fortgesetzte Präsenz des israelischen Militärs, das die Siedlungen und Zufahrtswege kontrolliert, sowie den Verlust von landwirtschaftlicher Fläche und Wasser mit sich gebracht. Dies hat nicht nur die palästinensische Landwirtschaft besonders im Jordangraben massiv eingeschränkt, sondern auch die Entwicklungsmöglichkeiten insgesamt beschnitten. Denn auch wenn die bebaute Fläche der Siedlungen selbst relativ gering ist, so können nach Angaben von B'Tselem de facto rund 70 Prozent der C-Gebiete, und damit 40 Prozent des gesamten Westjordanlandes, von den Palästinensern nicht bebaut oder entwickelt werden, da sie zu den Siedlungen gehören, als Staatsland, Militärzonen oder Naturparks klassifiziert sind oder jenseits der Sperranlagen liegen.

Ein Kompromiss bezüglich der Siedlungen scheint durchaus möglich. So hat die palästinensische Führung in bisherigen Verhandlungen ihre Bereitschaft zu einem Landtausch signalisiert. Dadurch könnten die Hauptsiedlungsblöcke entlang der Grünen Linie (der Schomron-Block, der Etzion-Block und die Siedlungen um Jerusalem), in denen rund 70 Prozent der Siedler im Westjordanland leben, zu israelischem Staatsgebiet werden. Allerdings müsste ein solcher Kompromiss den Tausch gleich großen und gleichwertigen Landes beinhalten und dürfte nicht zu Enklaven palästinensischen Gebiets inmitten israelischen Territoriums oder zur Isolierung Ost-Jerusalems vom Westjordanland führen.

Wahrscheinlich ist ein solcher Kompromiss allerdings nicht. Zwar zeigen Umfragen, dass eine Mehrheit in der israelischen Bevölkerung bereit ist, für ein Friedensabkommen mit den palästinensischen Nachbarn die Siedlungen aufzugeben. Aber obwohl die jüdischen Siedler nur rund zehn Prozent der gesamten jüdisch-israelischen Bevölkerung ausmachen, haben sie dank ihrer Lobbyorganisationen wie dem Siedlerrat, durch die Beteiligung der nationalreligiösen Partei «Jüdisches Heim» an der Regierungskoalition sowie die Präsenz von Siedlervertretern in anderen Parteien (etwa im Likud) einen starken Einfluss auf die Regierungspolitik. Diesen haben sie bislang erfolgreich genutzt, um eine Räumung von Siedlungen im «biblischen Kernland» zu verhindern und eine fortgesetzte staatliche Unterstützung des Siedlungsbaus zu erhalten.

Umfragen unter Siedlern, die die israelische Friedensorganisation Peace Now 2002 durchführte, zeigten, dass gut zwei Drittel eine demokratische Entscheidung zur Räumung der Siedlungen respektieren würden. Seit der Gaza-Evakuierung von 2005 hat allerdings eine Radikalisierung der Siedlerbevölkerung stattgefunden. Eine Studie des Harry S. Truman Instituts der Hebräischen Universität in Jerusalem von 2010 stellte einen Anstieg auf 54 Prozent der befragten Siedler fest, die die Autorität des Staates zur Evakuierung der Siedlungen anzweifelten. Selbst nach einem Referendum würden 49 Prozent der Siedlerbevölkerung eine Räumung nicht akzeptieren. Laut einer Umfrage der Tel Aviver Universität lehnten 2018 knapp 80% der Siedler eine Zweistaatenregelung ab. Nur ein Viertel könnte sich vorstellen, als dauerhafter Bewohner in einem palästinensischen Staat zu leben.

Bisher hat es keine israelische Regierung gewagt, die Konfrontation mit den Siedlern im Westjordanland aufzunehmen, die zum eigenen Schutz Waffen tragen dürfen. Viele von ihnen sind in extremistischen Gruppierungen wie Gusch Emunim (hebräisch für «Block der Getreuen») organisiert und sehen ihr Ziel darin, «im Auftrag Gottes das biblische Stammland Judäa und Samaria» zu besiedeln. In den letzten Jahren haben militante Siedler zudem begonnen, als Vergeltung für unliebsame Entscheidungen der israelischen Regierung oder für palästinensische Gewalttaten, Gewalt gegen die palästinensische Zivilbevölkerung auszuüben, Moscheen und Kirchen zu verwüsten und gegen israelische Friedensaktivisten, Regierungseinrichtungen und die Armee vorzugehen. Solche «Preisschild-Angriffe» (price tag attacks) sollen demonstrieren, dass Verhalten, das ihren Vorstellungen widerspricht, einen Preis hat. Während die Siedler bei der Evakuierung aus dem Gaza-Streifen 2005 ganz überwiegend passiven Widerstand leisteten oder sogar kooperierten, wird bei einer eventuellen Räumung der Siedlungen im Westjordanland deshalb ein Blutvergießen befürchtet.

Jeruschalajim und Al-Quds Nach der Teilungsresolution der UN von 1947 sollte Jerusalem (zusammen mit Bethlehem) weder zum jüdischen noch zum arabischen Staat gehören. Es sollte vielmehr als eigenständiges, neutrales und demilitarisiertes Gebiet – sog. Corpus Separatum – unter einem speziellen internationalen Regime stehen und durch die Vereinten Nationen verwaltet werden. So sollte der Frieden gewahrt und vor allem der Zugang zu den Heiligen Stätten für alle Angehörigen der drei monotheistischen Religionsgemeinschaften gewährleistet werden.

Im Krieg von 1948 wurde jedoch der Ostteil Jerusalems einschließlich der Altstadt von Jordanien eingenommen, der Westteil von Israel. Dies führte zur Teilung Jerusalems; die De-facto-Grenze verlief mitten durch die Stadt. Eine Mauer verwehrte Israelis den Zugang zu den Heiligen Stätten im Ostteil der Stadt, insbesondere zur Westmauer des Zweiten Tempels (sogenannte «Klagemauer»). Israel lehnte eine Internationalisierung der Stadt, wie im Teilungsplan vorgesehen, ab, auch wenn es diesem grundsätzlich zugestimmt hatte und sich in der Unabhängigkeitserklärung auf ihn berief. Im Juni-Krieg 1967 gelang Israel die Eroberung Ost-Jerusalems und – in der Eigensicht – die «Wiedervereinigung» der Stadt. Daraufhin erweiterte die israelische Regierung das Stadtgebiet von Jerusalem mit dem Ziel, so viel Gebiet wie möglich, aber so wenig arabische Bevölkerung wie nötig einzugemeinden. Im Juni 1967 wurde die israelische Gesetzgebung auf ganz Jerusalem ausgedehnt. 1980 wurde die Annexion durch das sogenannte Jerusalemgesetz förmlich bestätigt, das die Stadt zur ewigen und unteilbaren Hauptstadt Israels erklärte.

Der Tempelberg galt Israelis fortan als Symbol des «vereinten» Jerusalem, steht er doch für die historische und religiöse Verwurzelung der Juden in der Stadt. Auf dem Plateau des Haram al-Scharif stehen der Felsendom und die Al-Aksa-Moschee. Juden dürfen nur an der Tempelmauer (hebräisch: Kotel) beten, nicht auf dem Plateau – dieses sollte zwar für alle zugänglich sein, aber, um Streitigkeiten vorzubeugen, dem Gebet von Muslimen vorbehalten bleiben und vom islamischen Waqf, also der für die islamischen Heiligen Stätten zuständigen jordanischen (heute: palästinensischen) Behörde, verwaltet werden. Dennoch bieten die Regelungen häufig Anlass für gewaltsame Auseinandersetzungen, nicht zuletzt, weil nationalreligiöse Israelis – unter ihnen auch Knesset-Abgeordnete und Minister – den Status quo immer wieder demonstrativ in Frage stellen, auf dem Plateau beten, volle israelische Kontrolle fordern oder die Errichtung des dritten Tempels anstelle von Al-Aksa-Moschee und Felsendom propagieren.

Die bei der Besetzung Jerusalems innerhalb der neuen Stadtgrenzen ansässigen rund 70 000 Palästinenser wurden zu «permanenten Bewohnern» Jerusalems erklärt. Sie bekamen besondere Jerusalemer Ausweise, wurden aber nicht eingebürgert. Damit unterliegen sie zwar israelischem Recht und haben Anspruch auf israelische Sozialversicherung, genießen aber keine staatsbürgerlichen Rechte. Außerdem kann ihnen ihr Aufenthaltsrecht entzogen werden, wenn sie nicht nachweisen können, dass sie fortwährend in Jerusalem wohnen. Nach Angaben des israelischen Innenministeriums ist von Beginn der Besatzung 1967 an bis Ende 2017 knapp 14 650 Palästinensern das Aufenthaltsrecht in Jerusalem entzogen worden. Zwar steht den «permanenten Bewohnern» Jerusalems die israelische Staatsbürgerschaft unter bestimmten Bedingungen grundsätzlich offen; diese Möglichkeit wird jedoch nur selten in Anspruch genommen, nicht zuletzt deshalb, weil sie einer Anerkennung der israelischen Souveränität über Ost-Jerusalem gleichkäme.

Bei der Zuteilung öffentlicher Zuwendungen herrscht zudem systematische Benachteiligung: Im Durchschnitt gibt die Stadt ungefähr siebenmal mehr für einen jüdischen als für einen palästinensischen Einwohner Jerusalems aus, obwohl beide Gruppen gleichen steuerlichen Verpflichtungen unterliegen. Der ehemalige israelische Stadtrat Meir Margalit (Meretz) hat für das Jahr 2003 ermittelt, dass für Palästinenser in Ost-Jerusalem, die rund ein Drittel der gesamten Bevölkerung Jerusalems ausmachen, nur rund 10 Prozent des städtischen Budgets aufgewendet werden. Diese Zahl deckt sich mit Berechnungen der Menschenrechtsorganisation Ir Amim für das Jahr 2013. Dies

Tempelberg – Haram al-Scharif

Auf dem Tempelberg bzw. dem Haram al-Scharif (arabisch für «Edles Heiligtum») standen die jüdischen Tempel, die im sechsten Jahrhundert vor (Salomonischer Tempel) bzw. 70 nach Christus (Herodianischer Tempel) zerstört wurden. Übriggeblieben ist die Westmauer des Tempels, umgangssprachlich auch als Klagemauer bezeichnet, die heute als heiligste jüdische Stätte gilt. Auf dem Plateau stehen der Felsendom und die Al-Aksa-Moschee, die das drittwichtigste Heiligtum des Islam darstellt. Der Prophet Mohammed sei, so glauben die Muslime, von der Moschee in Mekka auf einem Reittier namens Buraq zur Aksa-Moschee nach Jerusalem geritten und von hier in den Himmel aufgestiegen. Die Westmauer heißt im Islam nach dem Reittier Buraq. Auf dem Felsen, der heute im Zentrum des Felsendoms ist, befindet sich nach der Überlieferung ein Fußabdruck des Propheten. Nach jüdischer Tradition handelt es sich um den Fels, auf dem die Welt gegründet worden sei und auf dem Abraham seinen Sohn Isaak habe opfern wollen.

schlägt sich in einer deutlichen Entwicklungskluft zwischen den westlichen und den östlichen Stadtvierteln nieder, was Straßenbau, Elektrifizierung, Kanalisation, Gesundheits- und Bildungseinrichtungen sowie Sicherheit betrifft. 2018 kündigte die israelische Regierung an, massiv in Infrastruktur und öffentliche Dienstleistungen in Ost-Jerusalem zu investieren, um diese Kluft zu schließen und die israelische Souveränität zu untermauern.

Nach 1967 zielte die israelische Siedlungspolitik in Jerusalem darauf ab, die Kontrolle über die gesamte Stadt zu festigen. Dazu sollte eine jüdische Mehrheit auch in Ost-Jerusalem erreicht und eine durchgehende, Ost-Jerusalem und das Westjordanland verbindende palästinensische Siedlungsfläche verhindert werden. Auf rund einem Drittel der Fläche Ost-Jerusalems wurde palästinensisches Land für den Bau von Siedlungen enteignet. Seit den späten 1980er-Jahren wird vor allem die jüdische Siedlungstätigkeit in der Altstadt von Jerusalem und in den angrenzenden palästinensischen Wohngebieten vorangetrieben. Dazu werden im sog. «Heiligen Becken» um die Altstadt herum auch Flächen für archäologische Ausgrabungen, Tourismusprojekte wie die «Davidstadt» und Nationalparks enteignet. Gleichzeitig wird bis heute die Erteilung von Baugenehmigungen für Palästinenser in Ost-Jerusalem restriktiv gehandhabt. Daher bauen Palästinenser oft ohne Genehmigung – UNOCHA geht davon aus, dass rund ein Drittel der palästinensischen Häuser in Ost-Jerusalem nach israelischem Recht illegal errichtet worden ist. Allein von 2004 bis Februar 2019 wurden nach Angaben von B'Tselem 823 solcher Häuser in Ost-Jerusalem abgerissen.

Ende 2016 hatte Jerusalem nach Angaben des israelischen Statistikamtes insgesamt rund 883 000 Einwohner, 550 000 Juden (62 Prozent) und 333 000 Araber (38 Prozent). Nach Angaben von B'Tselem gab es etwa 210 000 Siedler in Ost-Jerusalem. Weitere Siedlungen bilden mit den Verbindungsstraßen quasi einen Ring um Ost-Jerusalem, der es vom Westjordanland abschneidet, die weitere Entwicklung palästinensischer Wohngebiete in und um Ost-Jerusalem verhindert und die Hauptverbindungsachse zwischen nördlichem und südlichem Westjordanland durchtrennt (s. Karte auf der hinteren Umschlaginnenseite). Komplettiert worden ist die Isolierung Ost-Jerusalems, in dem sich wichtige palästinensische Einrichtungen, etwa Krankenhäuser, befinden, durch die von Israel 1993 verhängte generelle Abriegelung. Sie verwehrt der palästinensischen Bevölkerung aus dem Westjordanland und dem Gaza-Streifen den Zugang nach Jerusalem. Sperranlagen verhindern seit 2002 die Einreise nach Ost-Jerusalem effektiv – und verlaufen in einigen Bezirken direkt durch die palästinensischen Wohngebiete.

Während die Palästinenser Ost-Jerusalem als ihre Hauptstadt beanspruchen, beharren israelische Regierungen auf einem geeinten Jerusalem unter israelischer Souveränität. So wird es auch im Nationalstaatsgesetz von 2018 postuliert. Eine Konfliktlösung müsste indes nicht nur die religiöse Bedeutung der Stadt für die drei monotheistischen Religionen berücksichtigen und freien Zugang zu den Heiligen Stätten gewährleisten. Sie müsste auch die geographische Bedeutung Ost-Jerusalems für den palästinensischen Staat und seine Funktion als Verkehrsknotenpunkt für ein lebensfähiges palästinensisches Gemeinwesen in Betracht ziehen. Und sie müsste der politischen Bedeutung der Stadt für beide Seiten Rechnung tragen.

In dieser Hinsicht wurde in den Verhandlungen von Camp David im Juli 2000 ein bedeutender Fortschritt erzielt: Zum ersten Mal verhandelte man auf offizieller Ebene überhaupt über eine faktische Teilung Jerusalems. Dabei war man sich wenigstens dahingehend einig, dass Jerusalem nicht, wie ursprünglich im Teilungsplan der Vereinten Nationen vorgesehen, internationalisiert werden soll. Eine Regelung könnte sich auch in diesem Punkt an den Clinton-Parametern orientieren. Nach ihnen sollen diejenigen Teile Jerusalems unter israelischer Souveränität stehen, die jüdisch besiedelt sind, während die Viertel, in denen Palästinenser wohnen, Teil des palästinensischen Staates werden. So könnten auch die Hauptstädte beider Staaten nebeneinander in Jerusalem Platz finden. Die Heiligen Stätten würden laut Clinton von dem jeweiligen Staat kontrolliert werden (also die jüdischen Stätten durch Israel, die islamischen und christlichen durch Palästina), ein internationales Monitoring würde helfen, Vertrauen zu schaffen. Im Grundsatz einigten sich die Parteien in Taba auf ein entsprechendes Arrangement, auch wenn sie sich in vielen Details noch nicht einig waren. Zudem hielten sie fest, dass Jerusalem eine offene Stadt sein sollte, mit Bewegungsfreiheit zwischen den beiden Hauptstädten Jeruschalajim und Al-Quds.

Es sind also durchaus Kompromisse bezüglich Jerusalems möglich, aber die beiden Parteien sind von einer Konfliktlösung weit entfernt. Nicht nur beharrt die Netanjahu-Regierung auf der israelischen Souveränität über ganz Jerusalem, auch hat die Siedlungspolitik der letzten Jahre dort dazu geführt, dass die Clinton-Formel kaum mehr angewendet werden kann, um über die Souveränität in den einzelnen Vierteln Ost-Jerusalems zu entscheiden. Die Trump-Administration hat betont, dass ihre Anerkennung Jerusalems als Israels Hauptstadt einer Grenzziehung auch in Jerusalem nicht vorgreifen würde. Alle praktischen Maßnahmen deuten aber darauf hin, dass ein Verhandlungsergebnis zugunsten alleiniger israelischer Souveränität in

Jerusalem vorweggenommen werden soll. Dies ist allerdings weder für die Palästinenser akzeptabel, noch dürfte es in der islamischen Welt Unterstützung finden.

Die Flüchtlinge: Rückkehr, (Neu-)Ansiedlung oder Entschädigung

Während der kriegerischen Auseinandersetzungen 1948 flüchteten rund 700 000 Palästinenser aus dem heutigen Gebiet des Staates Israel oder wurden von dort vertrieben, vor allem in den Gaza-Streifen und das Westjordanland, aber auch in die arabischen Nachbarstaaten. Rund 150 000 der ursprünglich ansässigen Palästinenser blieben in Israel und bildeten dort eine Bevölkerungsminderheit. Die UN-Generalversammlung postulierte in ihrer Resolution 194 vom Dezember 1948 das Recht palästinensischer Flüchtlinge, in ihre Häuser zurückzukehren und in Frieden mit ihren Nachbarn zu leben sowie Entschädigung für verlorengegangenes Eigentum zu erhalten. Mit dem Krieg von 1967 und der israelischen Eroberung von Westjordanland, Ost-Jerusalem und Gaza-Streifen kam es zu einer neuen Flüchtlingswelle. Nach UN-Angaben flohen 250 000 bis 300 000 Palästinenser, viele von ihnen nun bereits zum zweiten Mal, vorwiegend in die arabischen Nachbarstaaten.

Die Knesset lehnte im Juni 1948 die Rückkehr palästinensischer Flüchtlinge kategorisch ab; Rückkehrversuche einzelner Flüchtlinge wurden vom israelischen Militär verhindert. Da somit keine politische Lösung des Problems absehbar war, etablierte die Generalversammlung der UN im Dezember 1949 das UN-Hilfswerk für Palästinaflüchtlinge (UNRWA). Ursprünglich als kurzfristige Maßnahme geplant, leistet die Organisation nun seit rund 70 Jahren humanitäre Hilfe für palästinensische Flüchtlinge in den palästinensischen Gebieten und den Nachbarstaaten und bietet umfassende Dienstleistungen – insbesondere in den Bereichen Bildung und Gesundheit – an. Damit ist ihr eine bedeutende Rolle beim Erhalt regionaler Stabilität zugewachsen.

Gleichwohl ist UNRWA vielen Israelis ein Dorn im Auge, denn sie hebe das palästinensische Flüchtlingsproblem besonders hervor und trage dazu bei, dass die Flüchtlinge ihren Status beibehielten und auf ihrem Rückkehrrecht beharrten, statt

Rückkehrrecht vs. Rückkehrgesetz

Die Resolution 194 der UN-Generalversammlung von 1948 sieht die Rückkehr bzw. Entschädigung der palästinensischen Flüchtlinge und Vertriebenen sowie ihrer Nachfahren vor. Gemäß vorherrschender internationaler Interpretation begründet sie ein unveräußerliches Rückkehrrecht für Palästinaflüchtlinge von 1948. Die Rückkehr palästinensischer Flüchtlinge bzw. ihrer Nachfahren ist einer der am stärksten umstrittenen Konfliktgegenstände zwischen Israel und den Palästinensern, da Israel den Verlust der jüdischen Bevölkerungsmehrheit fürchtet – und damit den Anspruch verlieren könnte, sich als jüdischer Staat zu definieren. Israel selbst hat 1950 das sogenannte Rückkehrgesetz verabschiedet. Dieses ermöglicht allen Menschen jüdischer Abstammung bzw. jüdischen Glaubens die Einwanderung nach Israel und sichert ihnen die israelische Staatsbürgerschaft zu.

sich in den derzeitigen Aufnahmestaaten zu integrieren. Die Trump-Administration teilt diese Auffassung und hat entsprechend 2018 ihre Unterstützung für UNRWA eingestellt. Zuvor war sie der größte Beitragszahler für die Organisation. Die Forderung, dass sich Flüchtlinge in den derzeitigen Gastländern integrieren sollen, ignoriert nicht nur das Rückkehrrecht, sondern auch die Interessen der Nachbarländer, die überwiegend nicht bereit sind, den Flüchtlingen die Staatsbürgerschaft zu verleihen. Dies erklärt sich vor allem mit fragilen Bevölkerungsgleichgewichten und der Rolle, die die PLO in Bürgerkriegen bzw. bürgerkriegsähnlichen Auseinandersetzungen in der Vergangenheit spielte.

Anfang 2018 waren rund 5,4 Millionen Flüchtlinge bei UNRWA registriert. Anspruch auf Registrierung und damit auf Leistungen der Organisation haben nur diejenigen Personen, deren Hauptwohnsitz im Zeitraum zwischen dem 1. Juni 1946 und dem 15. Mai 1948 im britischen Mandatsgebiet Palästina war, die ihr Haus bzw. ihre Lebensgrundlage infolge des israelisch-arabischen Krieges von 1948 verloren haben und die in das von UNRWA betreute Gebiet (Westjordanland, Ost-Jerusalem, Gaza-Streifen, Libanon, Syrien, Jordanien) geflohen sind. Anspruchsberechtigt sind auch die Ehefrauen sowie Nachkommen von männlichen registrierten Flüchtlingen. Nicht anspruchsberechtigt, da nach UNRWA-Definition nicht als Flüchtlinge klassifiziert, sind hingegen diejenigen Palästinenser, die 1948 in andere arabische Länder, etwa nach Ägypten, geflohen sind. Sie werden – wie auch jene, die erst 1967 flohen – lediglich als Vertriebene betrachtet.

Von den registrierten Flüchtlingen ist rund ein Drittel in Flüchtlingslagern in den palästinensischen Gebieten und den Nachbarstaaten untergebracht, während die restlichen in Dörfern und Städten außerhalb oder am Rande der Lager wohnen. Anfang 2018 lebten 2,2 Millionen registrierte Flüchtlinge in Jordanien, knapp 1,4 Millionen im Gaza-Streifen, über 800 000 im Westjordanland, etwa 470 000 im Libanon und rund 440 000 in Syrien. Der Anteil der registrierten Flüchtlinge an der Gesamtbevölkerung ist besonders hoch im Gaza-Streifen (rund 70 Prozent), im Westjordanland (rund 30 Prozent) und in Jordanien (über 30 Prozent). Im Libanon liegt er immerhin bei rund zehn Prozent. In Syrien haben palästinensische Flüchtlinge in den letzten Jahren in besonderem Maße unter dem Bürgerkrieg gelitten. Rund 60 Prozent wurden dort zu Binnenvertriebenen; die Nachbarstaaten Libanon und Jordanien verwehren ihnen in der Regel die Einreise. Das größte Lager Jarmuk in Damaskus war jahrelang umkämpft und eingekesselt; es ist größtenteils zerstört (s. Kapitel IV).

Grundsätzlich existieren verschiedene Ansätze zur Regelung der Flüchtlingsfrage: Rückkehr, Entschädigung und (Neu-)Ansiedlung. Israelische Vorschläge konzentrieren sich in der Regel auf eine permanente Ansiedlung der Flüchtlinge in den arabischen Aufnahmestaaten oder in Drittstaaten. Im Gegensatz dazu bestehen die meisten Palästinenser auf einem Rückkehrrecht in das ehemalige britische Mandatsgebiet Palästina. Palästinensischen Verhandlungsführern ist allerdings durchaus bewusst, dass zwischen dem individuellen Recht auf Rückkehr und seiner praktischen Umsetzung zu unterscheiden sein wird. Denn eine unbeschränkte Rückkehr von Flüchtlingen ins heutige Israel oder in den künftigen palästinensischen Staat erscheint nicht realistisch. Keines der beiden Gemeinwesen könnte innerhalb eines kurzen Zeitraums mehrere Millionen Flüchtlinge integrieren. Allerdings würde, das zeigen Umfragen unter Flüchtlingen, ein beträchtlicher Teil ohnehin eine Entschädigung und Einbürgerung bzw. Neuansiedlung einer Rückkehr vorziehen.

Entsprechend schlug Clinton vor, dass ein Abkommen das individuelle Recht der Flüchtlinge auf Rückkehr anerkennen solle, dieses aber im Wesentlichen durch Rückkehr in den Staat Palästina und permanente Ansiedlung in den derzeitigen Aufenthaltsstaaten oder Drittstaaten (jeweils mit deren Zustimmung) umgesetzt werde, und nur in Ausnahmefällen durch Rückkehr nach Israel. Darauf einigten sich die Parteien im Grundsatz (wenn auch nicht im Detail) in Taba, ebenso wie darauf, dass ein internationaler Fonds eingerichtet werden sollte, aus dem Flüchtlinge Entschädigungen erhalten würden. UNRWA sollte dann schrittweise seine Arbeit einstellen. Premier Olmert stimmte in späteren Verhandlungen überdies einer begrenzten Rückkehr von Flüchtlingen nach Israel aus humanitären Gründen und zur Familienzusammenführung zu. Die Netanjahu-Regierung dagegen lehnt eine Rückkehr von Flüchtlingen nach Israel strikt ab.

Dabei wäre die Rückkehr zumindest eines Teils der Flüchtlinge nach Israel durchaus möglich. Sie wird von vielen Israelis vor allem deshalb abgelehnt, weil sie in Konflikt mit der Identität Israels als «Staat der Juden» gesehen wird, also einem Staat, der eine jüdische Bevölkerungsmehrheit und ein System rechtlicher Privilegien für jüdische Staatsbürger hat. Eine substantielle Rückkehr von Palästinensern nach Israel hingegen würde – so formulierte es etwa Clinton – dem Ansatz «zwei Staaten für zwei Völker» widersprechen. Dieser Ansatz ist allerdings insofern problematisch, als er die Ungleichbehandlung der nichtjüdischen Staatsbürger Israels fortschreibt.

In Israel lebten Ende 2017 nach Angaben des israelischen Statistikamtes rund 1,84 Millionen israelische Araber, die knapp über 20 Prozent der Bevölkerung ausmachten. Die Palästinenser unter ihnen bevorzugen Bezeichnungen wie «Palästinenser mit israelischer Staatsbürgerschaft» oder «Palästinensische Staatsbürger Israels». Palästinenser in den besetzten Gebieten bezeichnen die in Israel lebenden Palästinenser hingegen in der Regel als «48er-Palästinenser» (also diejenigen, die im Krieg von 1948 nicht geflohen sind) oder als «Palästinenser im Inneren». Von den israelischen Arabern waren knapp 85 Prozent Muslime, 9 Prozent Christen (knapp 172000) und 7 Prozent Drusen (ca. 141000). Außerdem gibt es unter den Nicht-Juden Israels rund 4000 Tscherkessen und wenige Bahai. Zwar gilt heute für den arabischen Bevölkerungsteil nicht mehr das Kriegsrecht (wie bis 1966). Doch auch heute sind Nicht-Juden rechtlich schlechter gestellt. Dazu gehört, dass sie kein «Recht auf Rückkehr» haben. Das entsprechende Gesetz von 1950 räumt lediglich Juden weltweit das Recht ein, nach Israel zu migrieren und die Staatsbürgerschaft zu erlangen. Araber werden zudem benachteiligt, was Landbesitz angeht, der zum großen Teil von jüdischen Organisationen, etwa dem Jüdischen Nationalfonds, geregelt wird. Auch bleiben die Haushaltsausgaben für arabische Kommunen weit hinter denen für jüdische zurück. Und Araber haben berufliche Nachteile, weil sie – mit Ausnahme der meisten Drusen und Beduinen und weniger Christen – nicht in der Armee dienen, die wichtige Kontakte und Verbindungen für die Karriere bietet.

Zudem hat der Konflikt zwischen Israel und den Palästinensern in den letzten Jahren zunehmend das Verhältnis auch zwischen den beiden Volksgruppen innerhalb Israels vergiftet. In einer Umfrage des israelischen Instituts für Nationale Sicherheitsstudien (INSS) von 2018 gaben 23 Prozent der befragten Juden an, dass sie ihre arabischen Mitbürger als Feinde sahen. Laut einer Pew-Umfrage von 2016 befürworten 48 Prozent der jüdischen Israelis eine Deportation der arabischen Israelis. Die Netanjahu-Regierung hat eine Reihe von Gesetzesvorhaben verabschiedet, die unter anderem die palästinensische Lesart der Geschichte unterdrücken sollen, etwa das sog. Nakba-Gesetz, das Organisationen, die den Nakba-Tag begehen, staatliche Förderung entzieht.

In diesem Zusammenhang hat Israel in den letzten Jahren von den Palästinensern auch gefordert, Israel explizit als «jüdischen Staat» anzuerkennen. Im Zuge des Oslo-I-Abkommens von 1993 hatte die PLO bereits den Staat Israel und Israel die PLO als die rechtmäßige Vertretung der Palästinenser anerkannt. Dass die Palästinenser Israel als jüdischen Staat anerkennen sollen, hat erst Premier Netanjahu zu einer prominenten Forderung erhoben. Die Auseinandersetzung darüber hat er auch genutzt, um Zweifel daran zu säen, dass die palästinensischen Unterhändler im guten Glauben über eine Zweistaatenregelung verhandeln würden. Die PA lehnt diese Art der Anerkennung jedoch aus mehreren Gründen ab. Erstens sei es nicht völkerrechtlicher Usus, die Identität von Staaten anzuerkennen, sondern nur einen Staat an sich. Zweitens könne eine solche Anerkennung so verstanden werden, dass die PA eine Ungleichbehandlung der palästinensischen Staatsbürger Israels gutheiße. Und drittens könne sie als Zeichen gesehen werden, dass die PA das Rückkehrrecht aufgegeben habe. Wenn überhaupt, so könne daher, das signalisieren palästinensische Verhandlungsführer, eine Anerkennung Israels als Nationalstaat der Juden nicht vor, sondern nur nach dem Abschluss von Verhandlungen erfolgen, in denen diese Fragen geklärt würden. Davon abgesehen ist die Frage, was genau die jüdische Identität des Staates bedeutet und wie etwa das Verhältnis zwischen dem jüdischen und dem demokratischen Charakter des Gemeinwesens ausgestaltet sein sollte, auch in Israel umstritten. Sie wurde auch durch das Nationalstaatsgesetz vom Juli 2018 nicht eindeutig gelöst, das Israel zu einem jüdischen Staat erklärt, das Recht auf nationale Selbstbestimmung im Land exklusiv dem jüdischen Volk zugesteht, den Gleichheitsgrundsatz unerwähnt lässt und festlegt, dass Arabisch künftig keine offizielle Staatssprache mehr sein soll.

Israel macht zudem geltend, dass nach der Gründung des Staates Israel viele Juden aus arabischen Ländern (insbesondere aus Marokko, Irak, Ägypten, Tunesien und dem Jemen) vertrieben wurden oder infolge von Pogromen fliehen mussten. Ihre Zahl wird für den Zeitraum 1948 bis 1972 mit rund 800 000 angegeben; davon wanderten fast 600 000 in Israel ein. Auch diese hätten ein Recht auf Entschädigung. Allerdings unterstützte Israel die Einwanderung von Juden aus den arabischen Ländern damals tatkräftig, und jüdische Untergrundgruppen schreckten auch vor Anschlägen nicht zurück, um diese davon zu überzeugen, dass sie in den arabischen Ländern nicht mehr sicher seien. So wurde 1950/51 in Bagdad eine Anschlagsserie in jüdischen Vierteln verübt. Auch besteht keine der UN-Resolution 194 vergleichbare Rechtsgrundlage für entsprechende Entschädigungsforderungen. In den Taba-Verhandlungen waren sich Israelis und Palästinenser einig, dass die Frage der Entschädigung von jüdischen Flüchtlingen und Vertriebenen nicht bilateral, sondern zwischen Israel und den Herkunftsstaaten zu verhandeln sein wird.

Im Rahmen einer Konfliktregelung wird es vor allem um die grundsätzliche Anerkennung des Rechts auf Rückkehr durch Israel und seine Mitverantwortung für das Flüchtlingsproblem sowie um die praktische Umsetzung einer Rückführung bzw. (Neu-)Ansiedlung und Entschädigung von Flüchtlingen gehen. Dazu müssten auch die heutigen Aufnahmestaaten in Verhandlungen einbezogen werden. Die internationale Gemeinschaft ist gefragt, durch substantielle finanzielle Unterstützung und die Aufnahme von Flüchtlingskontingenten zu einer dauerhaften Lösung beizutragen.

Das Wasser Zwar wird im Oslo-II-Abkommen Wasser nicht explizit als einer der Punkte aufgeführt, die in Verhandlungen über den endgültigen Status zu klären sind. Dennoch bedürfen die Fragen der Wassernutzung und des Wassermanagements einer Regelung. Nach der Besetzung der palästinensischen Gebiete 1967 wurden dort alle Wasserressourcen zu israelischem Staatsbesitz erklärt und dem Militärkommandeur bzw. später der Militärverwaltung unterstellt. Im Rahmen des Oslo-Prozesses übernahm die palästinensische Wasserbehörde zwar die administrative Verantwortung für die palästinensische Wasserversorgung, und es wurde ein gemeinsames israelisch-palästinensisches Wasserkomitee eingerichtet. Dennoch behielt sich Israel de facto die übergeordnete Kontrolle über Wasserförderung und Ressourcenentwicklung vor.

Auch heute deckt Israel seinen Wasserbedarf zu einem großen Teil aus Vorkommen, die außerhalb seines Territoriums liegen oder entspringen. Die Hauptquellen liegen dabei in den besetzten palästinensischen Gebieten, im Libanon und auf dem Golan: die drei Grundwasserbecken des Westjordanlandes (westlicher, nord-östlicher und östlicher Aquifer), der Jordanfluss und die Jordanzuflüsse Hasbani (Libanon) und Banias (israelisch besetzte Golanhöhen). So leitet Israel durch den 1964 fertiggestellten National Water Carrier Jordanwasser aus dem See Genezareth ins südliche Israel. Zudem entnimmt es Wasser aus dem Jordan für die lokale Landwirtschaft. Damit deckt es weit über ein Drittel seines Gesamtwasserverbrauchs aus dem Jordan, der infolgedessen flussabwärts nur noch ein dünnes Rinnsal ist. Zudem nutzen Israel und die israelischen Siedlungen den größten Teil des Grundwasservorkommens der palästinensischen Gebiete, auch wenn zwei der drei Grundwasserbecken im Wesentlichen innerhalb Israels bepumpt werden.

Eine Entwicklung der Grundwassernutzung durch die palästinensische Autonomiebehörde, die dem Wachstum der palästinensischen Bevölkerung angemessen gewesen wäre, wurde hingegen verhindert. Israel ließ nahezu keine neuen palästinensischen Brunnen im Westjordanland zu. Damit konnten die Palästinenser selbst die Wasserentnahme, die ihnen eigentlich laut Oslo-II-Abkommen von 1995 (Annex III, Protokoll für zivile Angelegenheiten, Artikel 40) zusteht, nicht realisieren. Dementsprechend hat die palästinensische Wasserentnahme pro Kopf der Bevölkerung seit Oslo deutlich abgenommen. Wassermangel in den palästinensischen Gebieten ist damit nicht durch knappe Ressourcen, sondern politisch bedingt.

Für die Palästinenser ist Grundwasser neben Regenwasser die einzige Wasserquelle. Insbesondere die palästinensische Landwirtschaft leidet unter generellem Wassermangel. Zwar sind mittlerweile rund 90 Prozent der Bevölkerung ans Leitungsnetz angeschlossen, aber rund ein Drittel der Dörfer und Gemeinden im Westjordanland müssen sich mittels Regenwasserzisternen, Quellen und Tankwagen versorgen. Doch auch in anderen Dörfern und Städten – inklusive den arabischen Vierteln Ost-

Jerusalems – herrscht in den Sommermonaten oft monatelang akuter Wassermangel. Der israelische Gesamtwasserverbrauch (Trinkwasser plus industrieller und landwirtschaftlicher Verbrauch) liegt pro Kopf und Tag mit rund 780 Litern fast fünfmal so hoch wie der palästinensische mit rund 160 Litern (Angabe für das Westjordanland). Die palästinensische Bevölkerung hat mit rund 90 Litern (Angaben des palästinensischen Statistikamtes von 2017) einen deutlich niedrigeren Trinkwasserverbrauch als die von der Weltgesundheitsorganisation WHO empfohlene Menge von 100 Litern Trinkwasser pro Tag.

Besonders dramatisch stellt sich die Situation im Gaza-Streifen dar. Dort ist schon seit Jahren aufgrund andauernder Übernutzung des Küstenaquifers der Grundwasserspiegel abgesunken und Salzwasser eingesickert. Seit dem Gaza-Krieg 2008/09 kommt es nach Angaben von UNOCHA zur ungeklärten bzw. unzureichend geklärten Einleitung von täglich rund 100 Millionen Litern Abwasser ins Meer. Dies birgt große Gesundheitsrisiken durch Nahrungsmittel- und Trinkwasserkontamination. Daher sind heute nach Angaben der Palästinensischen Wasserbehörde nur noch fünf bis zehn Prozent des Grundwassers trinkbar. Insgesamt ist die Verschlechterung der Umweltsituation im Gaza-Streifen alarmierend. Die UN befürchten, dass das Gebiet bis 2020 unbewohnbar werden könnte, falls keine drastischen Maßnahmen zur Abhilfe ergriffen werden.

Eine Aufgabe der Oberhoheit über die Wasserressourcen würde für Israel zwar die derzeitige Versorgung in Frage stellen, aber keineswegs eine Bedrohung der Wasserversorgung insgesamt darstellen. Denn Israel könnte durch Entsalzungsanlagen zusätzlich Wasser gewinnen. Seit den 2000er-Jahren hat Israel bereits mehrere große Entsalzungsanlagen gebaut, durch die mittlerweile rund 70 Prozent des israelischen Gesamtwasserbedarfs gedeckt werden. Aufgrund der Gasfunde im östlichen Mittelmeer dürfte die energieintensive Wasseraufbereitung in Zukunft zudem deutlich kostengünstiger werden. Geplant ist auch eine gemeinsame israelisch-palästinensisch-jordanische Entsalzungsanlage, die allen drei Parteien nützen würde. Noch allerdings hat sich Israels Wasserpolitik nicht grundsätzlich verändert. Statt den Palästinensern einen größeren Anteil am Grund- und Jordanwasser zuzugestehen und Brunnenbauten zu genehmigen, verkauft es lediglich größere Mengen Wasser an die PA.

Eine optimale Wassernutzung wird aber nur auf der Grundlage einer fairen Kooperation möglich sein. Nur ein multilateraler Ansatz, der die Interessen aller Anrainer einbezieht und ein regionales Wasserregime etabliert, kann eine dauerhafte und tragfähige Lösung etablieren. Diese müsste nicht nur eine gerechtere Zuteilung der Nutzungsrechte zwischen Israel und Palästina, sondern vor allem auch Maßnahmen zur Wassereinsparung in Israel beinhalten, wie eine Untersuchungskommission der Knesset im Jahr 2002 eindringlich anmahnte. Allein der Trinkwasserverbrauch liegt in Israel mit rund 240 Litern pro Tag mehr als doppelt so hoch wie der in Deutschland (122 Liter). Auch ließe sich in den palästinensischen Gebieten durch eine umfassende Sanierung der Leitungen und Anlagen Wasser sparen. Unabhängig von einer Konfliktregelung wäre ein verantwortungsvolles Wassermanagement dringend notwendig, um weitere Schäden an den Grundwasserbecken zu verhindern und die Wasserversorgung für kommende Generationen zu sichern.

Bisherige Verhandlungen und Ausarbeitungen von inoffiziellen Initiativen und Experten zeigen, dass für alle Konfliktfelder Regelungen gefunden werden können, mit denen sich die unterschiedlichen Bedürfnisse der Konfliktparteien weitgehend vereinbaren lassen. Allerdings haben sich die Fronten in den letzten Jahren so verhärtet und die Positionen der nahöstlichen Konfliktparteien so weit auseinander entwickelt, dass eine Einigung immer unwahrscheinlicher wird. Hinzu kommt, dass die regionale Destabilisierung, allen voran der Bürgerkrieg in Syrien, nicht nur einer Konfliktregelung zwischen Israel und Syrien auf lange Zeit entgegensteht. Sie wird auch eine Regelung zwischen Israel und dem Libanon verhindern sowie eine Lösung derjenigen Fragen des israelisch-palästinensischen Verhältnisses, die auf der regionalen Ebene ausgehandelt werden müssen, wie die Flüchtlingsfrage und ein kooperatives Wassermanagement.

IV. Die Folgen des Arabischen Frühlings

Die Ende 2010, Anfang 2011 zu beobachtenden Umbrüche in der arabischen Welt, für die sich der Begriff Arabischer Frühling eingebürgert hat, zeitigten beträchtliche Auswirkungen auf den Nahostkonflikt und seine Akteure. Erstens haben die durch die Protestbewegungen in Gang gesetzten Umwälzungen unmittelbare Folgen für die Konfliktkonstellation. Hier wirken sich insbesondere der Bürgerkrieg in Syrien und die Machtkämpfe in Ägypten auf die Sicherheitssituation in Israel aus. Zweitens hat sich im Zuge des Arabischen Frühlings die Machtbalance in der Region verschoben und es haben sich neue Allianzen gebildet. Während Israel – zumindest zeitweise – enge strategische Verbündete oder berechenbare Feinde verloren hat, sieht es sich in einer zunehmenden Interessenkonvergenz mit den konservativen Golfmonarchien und Ägypten. Drittens haben Israels Politik und Gesellschaft auf die Veränderungen in der Nachbarschaft mit einem verstärkten Wagenburgdenken reagiert. Schließlich wirkt sich, viertens, der Arabische Frühling auch auf die palästinensische Politik aus. Hamas und Fatah verloren jeweils wichtige Unterstützer. Zudem wurde der Druck zur Aussöhnung zwischen den beiden größten palästinensischen Parteien durch Proteste verstärkt, die durch den Arabischen Frühling inspiriert waren. Während manche dieser Veränderungen temporärer Natur waren, wirken andere bis heute nach.

1. Unmittelbare Auswirkungen

Bürgerkrieg in Syrien Nachdem Machthaber Baschar al-Assad auf die im Frühjahr 2011 begonnenen Proteste gegen sein Regime mit brutaler Repression reagiert hatte, mündeten diese in einen blutigen Bürgerkrieg mit direkter und indirekter regionaler und internationaler Beteiligung. Bis Ende August 2015 forderte dieser laut UN-Angaben mindestens 250 000 Todesopfer (zu diesem Zeitpunkt hörten die UN auf, die Toten zu zählen; Ende 2018 wurde von rund 0,5 Millionen Todesopfern ausgegangen) und brachte eine nachhaltige Destabilisierung des Staates mit sich. Das Assad-Regime verlor die Kontrolle über weite Teile des Landes. Ab September 2015 konnte es mithilfe russischer Luftunterstützung schrittweise Landstriche zurückerobern, seine Position konsolidieren und die bewaffnete Opposition in die Defensive drängen. Der Bürgerkrieg im Nachbarland stellt Israel direkt vor mehrere Herausforderungen. Zwar befanden sich Syrien und Israel auch vor dem Ausbruch der Gewalt miteinander im Kriegszustand. Dennoch hatten beide Seiten die israelisch-syrische «Grenze» (eigentlich: Waffenstillstandslinie) jahrzehntelang ruhig gehalten und ihren Konflikt stattdessen immer wieder im und über den Libanon ausgetragen – mit Ausnahme der israelischen Bombardierung einer vermuteten syrischen Atomanlage im September 2007. Seit Beginn des Aufstandes im eigenen Land will bzw. kann Präsident Assad die Grenzsicherung nicht mehr zuverlässig gewährleisten. Zum ersten ernsthaften Zwischenfall seit dem Jom-Kippur- bzw. Oktober-Krieg 1973 kam es am 5. Juni 2011. Beim Versuch Hunderter palästinensischer Flüchtlinge am Naksa-Gedenktag, von Syrien aus die israelische Grenze zu stürmen, starben mindestens zehn von ihnen bei Zusammenstößen mit israelischen Grenztruppen. Israelische Offizielle warfen dem syrischen Regime daraufhin vor, den Sturm auf die Grenze zugelassen oder ihn sogar durch mit ihm verbündete palästinensische Gruppen organisiert zu haben, um von den Aufständen im eigenen Land abzulenken. Auch Palästinenser in Syrien demonstrierten, weil sie sich vom syrischen Regime instrumentalisiert fühlten.

Seit Israel im November 2012 erstmals aus Syrien mit Granaten beschossen wurde, gab es immer wieder Feuergefechte an der Grenze. Es kam aber nicht zu größeren Angriffen vonseiten der Rebellen oder des syrischen Regimes auf Israel. Kampfhandlungen fanden immer wieder auch in der von UNDOF überwachten Pufferzone auf dem Golan statt. Die Truppen stellenden Staaten – insbesondere Österreich – zogen daraufhin ihre

Kontingente zum Teil ab, sodass kein effektiver Puffer mehr zwischen beiden Ländern besteht. Zugleich ist mit dem Beitritt Syriens zur Chemiewaffenkonvention im Oktober 2013 und der Vernichtung der deklarierten Bestände im August 2014 eine durchaus relevante Bedrohung für Israel entfallen. Zwar wurden von Seiten des Regimes und des sogenannten Islamischen Staates auch danach noch chemische Waffen eingesetzt, aber das Gros der Substanzen wurde zerstört.

Israel hat es vermieden, in den Bürgerkrieg hineingezogen zu werden, und positioniert sich nicht auf einer Seite der syrischen Konfliktparteien, ist aber darauf bedacht, eigene Interessen zu sichern und zu verhindern, dass bestimmte rote Linien überschritten werden. Dabei nimmt Israel vorrangig die im Zuge des Bürgerkriegs deutlich ausgeweitete militärische Präsenz des Iran und der Hisbollah in Syrien als Bedrohung wahr. Daher hat es immer wieder seine Luftwaffe in Syrien eingesetzt. Ihre Angriffe richten sich insbesondere gegen Waffentransporte, von denen Israel befürchtet, dass sie für die Hisbollah bestimmt sind, gegen Munitionsfabriken oder gegen Basen iranisch geführter Milizen. Auch antwortet Israel militärisch mit Gegenschlägen, wenn es im syrisch-israelischen Grenzgebiet zu Beschuss von der syrischen Seite kommt. So wurden etwa im Januar 2015 bei einem Luftangriff, der Israel zugerechnet wird, sechs Hisbollah-Kämpfer und ein General der iranischen Revolutionsgarden nahe der Grenze getötet. Nach der direkten militärischen Intervention Russlands in den Konflikt seit September 2015 bemühte sich die israelische Führung, rasch und erfolgreich zu einem Abkommen mit Moskau zu kommen, um Zusammenstöße mit der russischen Luftwaffe zu vermeiden und den Spielraum von Iran und Hisbollah in Syrien einzuschränken. Letzteres gelang allerdings nur bedingt. In der Folge kam es im Frühjahr 2018 zum ersten Mal zu direkten militärischen Auseinandersetzungen zwischen Israel und Iran in Syrien. Die Rolle Irans und Hisbollahs in Syrien dürfte mittelfristig Anlass zu weiteren Zusammenstößen bieten.

Der Bürgerkrieg brachte auch eine drastische Verschlechterung der Lage palästinensischer Flüchtlinge in Syrien mit sich.

Besonders katastrophal war die Situation im größten Flüchtlingslager Jarmuk in Damaskus. Vor Ausbruch des Bürgerkriegs lebten dort rund 150000 registrierte palästinensische Flüchtlinge. Nachdem das Lager wiederholt Schauplatz von Gefechten und der Eroberung durch unterschiedliche Rebellengruppen wurde, stand es unter monatelanger Belagerung durch die syrische Armee, die den Widerstand zu brechen suchte, indem sie die Bewohner aushungerte. Nur vereinzelt gelang es den humanitären Organisationen, Hilfslieferungen ins Lager zu bringen. UNRWA konnte die Versorgung der rund 18000 Flüchtlinge, die Ende 2015 noch im Lager verblieben waren, nur noch sehr eingeschränkt gewährleisten. Von den insgesamt rund 550000 bei UNRWA in Syrien registrierten palästinensischen Flüchtlingen waren Anfang 2019 noch etwa 440000 im Land. Bis zu 250000 von ihnen waren zu Binnenflüchtlingen geworden. Von den palästinensischen Flüchtlingen, die Syrien verlassen haben, flohen rund 17000 nach Jordanien und 31000 in den Libanon. Vielen gelang es allerdings nicht, aus Syrien zu fliehen, denn die Nachbarländer gewährten ihnen nur sehr restriktiven Zugang.

Die Aussicht auf Verhandlungen über die Rückgabe der Golanhöhen und einen israelisch-syrischen Friedensvertrag ist durch den syrischen Bürgerkrieg in weite Ferne gerückt. Diese Situation kommt der israelischen Führung insofern entgegen, als sie kein Interesse an der Rückgabe des annektierten Gebiets hat (s. Kapitel III.2). Vielmehr versucht sie von der Schwächung des Assad-Regimes zu profitieren, indem sie den israelischen Anspruch auf die Golanhöhen zu festigen sucht. So legte Naftali Bennett, Chef der nationalreligiösen und rechtsextremen Siedlerpartei «Jüdisches Heim» und Minister im Kabinett von Netanjahu, im Oktober 2015 einen Plan zur Besiedlung der Golanhöhen mit 100000 neuen Bewohnern vor, zusätzlich zu den derzeit rund 20000 Siedlern. Außerdem drängte Netanjahu bei einem Besuch im Weißen Haus einen Monat später US-Präsident Obama, die israelische Annexion der Golanhöhen anzuerkennen. Diesen Wunsch erfüllte ihm Donald Trump während eines USA-Besuchs des israelischen Premiers mitten im Wahlkampf im März 2019.

Die starke Präsenz dschihadistischer Gruppierungen in Syrien stellt mittel- bis langfristig eine weitere Bedrohung für Israel dar. Zwar sind diese Gruppierungen derzeit auf den Machtkampf in Syrien konzentriert, in ihrer Ideologie spielt aber die «Befreiung Jerusalems» als drittheiligstem Ort des Islam eine zentrale Rolle.

Der Bürgerkrieg in Syrien hat auch indirekte Effekte. Aus israelischer Perspektive bedroht das Ausgreifen des Konflikts – in Form von Kampfhandlungen, einer hohen Zahl von Flüchtlingen, gesellschaftlicher und politischer Polarisierung und Anschlägen von Dschihadisten – vor allem die Stabilität der beiden Nachbarländer Libanon und Jordanien. Die Führung des Haschemitischen Königreichs Jordanien ist Israels engster Partner in der Region.

Umbruch in Ägypten Auch der Umbruch in Ägypten wirkte und wirkt sich auf den Nahostkonflikt aus, und zwar vor allem in dreierlei Hinsicht: Ägyptens Beziehungen zu Israel, Kairos Rolle im israelisch-palästinensischen Friedensprozess und die Situation auf der Sinai-Halbinsel. In allen drei Dimensionen ergaben sich infolge des mehrfachen Wechsels der ägyptischen Führung beträchtliche Änderungen.

Unter dem langjährigen ägyptischen Diktator Husni Mubarak gab es neben diplomatischen Beziehungen zu und Gaslieferungen an Israel auch eine, wenngleich beschränkte, Kooperation in den Bereichen Handel und Tourismus. Die Gegnerschaft gegenüber der Hamas einte das Mubarak-Regime und die israelische Regierung. Nach der Machtübernahme der Hamas im Gaza-Streifen im Sommer 2007 setzte Ägypten durch die Schließung des Grenzübergangs Rafah gemeinsam mit Israel die Blockade des Küstenstreifens durch.

Nach dem Sturz Mubaraks im Februar 2011 nahm die Zusammenarbeit zwischen beiden Ländern ab. Die gewaltsame Stürmung der israelischen Botschaft in Kairo durch mehrere Tausend Demonstranten im September 2011 zeigte, dass der Frieden zwischen Ägypten und Israel in der ägyptischen Bevölkerung nach wie vor auf Widerspruch stößt.

Nach dem Sieg des Muslimbruders Mohammed Mursi bei den ersten freien Präsidentschaftswahlen in Ägypten im Juni 2012 kam es zu einer weiteren Abkühlung der bilateralen Beziehungen, jedoch nicht zu einer Krise. Entgegen israelischen Befürchtungen bekannte Mursi sich nach seiner Amtsübernahme zur Einhaltung des ägyptisch-israelischen Friedensvertrags. Aus Protest gegen die israelische Militäroperation im Gaza-Streifen im November 2012 («Pillar of Defense») berief Kairo zwar seinen Botschafter in Israel ab. Zugleich trat die Mursi-Regierung jedoch als Vermittler zwischen Israel und der Hamas auf und trug so entscheidend zur Vereinbarung eines Waffenstillstands bei.

Nachdem das ägyptische Militär im Juli 2013 gegen Mursi geputscht und General Abdel Fatah al-Sisi die Macht übernommen hatte, bekräftigte der neue Präsident einmal mehr das ägyptische Bekenntnis zum Friedensvertrag mit Israel. Fortan positionierte er sich international als Sicherheitspartner Israels. Im Gegenzug setzte sich Israel verstärkt für Militär- und Entwicklungshilfen für Ägypten ein. Symbolisch untermauert wurde die Intensivierung der ägyptisch-israelischen Beziehungen durch die Wiedereröffnung der israelischen Botschaft in Kairo im September 2015, vier Jahre nach ihrer Stürmung. Schon im Juni 2015 hatte Ägypten nach dreijähriger Vakanz einen neuen Botschafter in Israel benannt.

In den letzten Jahrzehnten hatte Ägypten seinen Regionalmachtanspruch unter anderem dadurch untermauern wollen, dass es sich als unverzichtbarer Nahostvermittler zu positionieren suchte. Mubarak hatte regelmäßig zwischen Israelis und Palästinensern, aber auch immer wieder zwischen den palästinensischen Parteien, vermittelt. Mit dem Sturz Mubaraks verlor nicht nur Israel einen Partner, sondern auch der palästinensische Präsident Abbas einen langjährigen Unterstützer. Mursi allerdings agierte pragmatisch: Trotz der vermeintlich engen Bindung zwischen der ägyptischen Muslimbruderschaft und der Hamas hob er die Gaza-Blockade von ägyptischer Seite keineswegs – wie von der Hamas erhofft – auf, sondern lockerte sie lediglich etwas. Zudem intensivierte er die Bemühungen um eine innerpalästinensische Aussöhnung, allerdings ohne Erfolg.

Präsident Sisi verschärfte dann die Blockade des Gaza-Streifens in bislang ungekanntem Ausmaße, begann die Tunnel unter dem Grenzübergang zu zerstören, durch die seit Verhängung der israelischen Blockade größtenteils die Versorgung des Gaza-Streifens erfolgt war, und richtete auf der ägyptischen Seite der Grenze eine Pufferzone ein, indem er in einem rund einen Kilometer breiten Streifen Häuser abreißen ließ. Dadurch soll verhindert werden, dass neue Tunnel unter der Grenze gegraben werden können. Der Hintergrund ist, dass Sisi in der Hamas wegen ihrer Verbindung zur Muslimbruderschaft vor allem eine Bedrohung für die eigene Regimestabilität sieht. Er macht die Hamas für das Sicherheitschaos in Ägypten – und auf dem Sinai – mitverantwortlich. Das Verhältnis verbesserte sich erst, als die Hamas sich im Frühjahr 2017 von den Muslimbrüdern distanzierte und im Sommer 2017 begann, offensiv gegen militante Dschihadisten vorzugehen, die zuvor weitgehend ungehindert über die Grenzlinie hinweg agieren konnten.

Die Sicherheitslage auf dem Sinai war schon seit Langem instabil gewesen. Die ägyptische Führung hatte die Halbinsel jahrzehntelang vernachlässigt, und so hatte sich in der unterentwickelten Region ein komplexes System von Schmuggelnetzwerken und organisierter Kriminalität gebildet. Während des Umsturzes in Ägypten flohen viele radikale Islamisten aus den Gefängnissen auf den Sinai und gründeten dort Anfang 2011 die dschihadistische Gruppierung Ansar Bait al-Makdis (arabisch für die «Unterstützer Jerusalems»). Durch die Verfügbarkeit von Waffen, unter anderem aus den Arsenalen des gestürzten libyschen Diktators Muammar al-Gaddafi, wurden ihre Aktivitäten schnell immer gewaltsamer.

Nach dem Sturz Mubaraks verschlechterte sich damit die Sicherheitslage dramatisch. Regelmäßig kam es zu Anschlägen, die sich auch immer wieder gegen Israel richteten. Im August 2011 etwa verübten Militante aus dem Sinai eine Serie von drei Anschlägen im Süden Israels. Dabei griffen sie einen israelischen Linienbus an, zündeten eine Bombe neben einer israelischen Militärpatrouille und beschossen ein israelisches Auto mit einer Rakete. Insgesamt kamen neben den zehn bei Schusswechseln getöteten Angreifern sechs israelische Zivilisten und zwei Sicherheitskräfte sowie fünf ägyptische Soldaten ums Leben. Ein Jahr später überfielen Bewaffnete einen ägyptischen Militärstützpunkt und drangen mit zwei gepanzerten Fahrzeugen nach Israel ein. Bei einem Feuergefecht tötete die israelische Armee die Angreifer. Obwohl die dschihadistischen Gruppierungen verstärkt militärisch bekämpft wurden, verschlechterte sich die Sicherheitslage im Sinai weiter. Im November 2014 schworen die Dschihadisten der Ansar Bait al-Makdis dem sogenannten Islamischen Staat Gefolgschaft und begründeten dessen «Provinz Sinai». Nach zahlreichen Sabotageakten gegen die Gaspipeline nach Israel und vor dem Hintergrund eines erhöhten nationalen Bedarfs stellte Ägypten die Gaslieferungen an Israel im April 2012 ein. Mittlerweile liefert Israel Gas nach Ägypten.

Um zur Stabilisierung der Sicherheitslage beizutragen, stimmte Israel der Erhöhung der ägyptischen Truppenpräsenz und der Stationierung schwerer Waffen im Nordsinai über die im Friedensvertrag von Camp David festgelegten Obergrenzen hinaus zu. Außerdem stellt Israel Ägypten Geheimdienstinformationen zur Verfügung. Durch die gemeinsamen Sicherheitsinteressen verbesserten sich die israelisch-ägyptischen Beziehungen deutlich. Israel ging zunehmend auch selbst mit Luftschlägen gegen Aufständische im Sinai vor. Gleichzeitig baute Israel aber auch einen Grenzzaun, um seine südliche Grenze gegen Infiltration und Menschenschmuggel zu schützen. Dieser trug vor allem dazu bei, Menschenhandel und Migration aus dem Sudan, Eritrea und Äthiopien zu unterbinden.

2. Die Verschiebung der Machtbalance in der Region

Die arabischen Umbrüche hatten erhebliche Auswirkungen auf Bündnisse und Machtverhältnisse in der Region und damit auch auf die nahöstliche Konfliktkonstellation. Für Israel brachten sie das Wegbrechen alter Verbündeter mit sich. Mit dem Sturz Mubaraks im Februar 2011 verlor Israel einen wichtigen Partner und sah sich mit den Unwägbarkeiten eines Transformationsprozesses im Nachbarland konfrontiert, von dem zunächst die Israel feindlich gesinnten Muslimbrüder zu profitieren schienen.

Auch verschlechterte sich das Verhältnis zwischen Israel und der Türkei weiter. Zwischen den beiden Ländern hatte sich in den 1990er-Jahren eine strategische Partnerschaft mit engen diplomatischen, wirtschaftlichen und militärischen Beziehungen entwickelt. Die Beziehungen waren bereits angespannt, weil die Türkei die israelische Militärintervention im Gaza-Streifen zum Jahreswechsel 2008/2009 verurteilt hatte. Im Zuge des Mavi-Marmara-Zwischenfalls kam es im Mai 2010 zum offenen Bruch. Damals enterte die israelische Armee sechs mit Hilfsgütern beladene Schiffe, die von der Türkei kommend Kurs auf den Gaza-Streifen genommen hatten, um die Blockade zu durchbrechen. Zehn türkische Aktivisten kamen zu Tode. Als Reaktion auf den Vorfall berief die Türkei ihren Botschafter aus Israel ab und wies den israelischen Botschafter aus. Außerdem sagte sie gemeinsame Militärübungen ab und forderte eine Sondersitzung des UN-Sicherheitsrates. In der Folge verlangte sie eine Entschuldigung der israelischen Regierung. Diese erfolgte zwar auf Druck der USA im März 2013, führte aber bis zum Frühjahr 2019 nicht zu einer Normalisierung der Beziehungen, selbst wenn das Verhältnis zwischen der Türkei und Israel nach wie vor von guten Handelsbeziehungen geprägt ist.

Die angespannten Beziehungen zwischen Israel und der Türkei sind auch auf eine grundsätzliche Umorientierung der türkischen Regionalpolitik zurückzuführen. Während die von der AKP (türkisches Akronym für «Partei für Gerechtigkeit und Entwicklung») geführte Regierung vor 2011 eine «Null-Problem-Politik» verfolgte, also einen friedlichen Ausgleich mit allen Nachbarn und Staaten in der Region anstrebte, sah sie den Arabischen Frühling als Chance, ihren Einfluss auszudehnen. So wurde der türkische Premier bzw. Präsident Erdoğan zu einem der schärfsten Kritiker von Syriens Machthaber Assad, zu dem er vorher enge, ja freundschaftliche Beziehungen gepflegt hatte, und forderte als einer der ersten Regierungschefs überhaupt einen Regimewechsel in Syrien. Dabei ging es auch darum, Ankara gewogenen Kräften – insbesondere den syrischen Muslimbrüdern – zu Einfluss zu verhelfen. In diesem Zusammenhang unterstützte die Türkei die syrische Opposition, öffnete ihre Grenzen für Flüchtlinge und Kämpfer und beteiligte sich an der militärischen Ausbildung von Rebellen. Schnell wurde sie zum Hauptzugangspunkt nicht nur für Hilfslieferungen und Aktivitäten der oppositionellen syrischen Interimsregierung und der moderaten Rebellen, sondern auch für ausländische Kämpfer, die auf Seiten der Dschihadisten fochten, für Waffenlieferungen und für Öl- und Antiquitätenschmuggel, über den sich unter anderem der Islamische Staat finanzierte.

Aus israelischer Sicht waren dabei insbesondere zwei Punkte problematisch: Erstens bekämpfte Ankara das Projekt einer kurdischen Autonomie im Norden Syriens, die im Zuge des Bürgerkriegs Aufwind erhalten hatte und die von Israel mit Sympathie verfolgt wurde. Israel war schon lange ein Verfechter kurdischer Unabhängigkeit – zum einen weil es sich eine Schwächung der großen «Feindstaaten», vor allem des Irak, Syriens und des Iran, erhoffte und zum anderen, weil eine Umsetzung des Prinzips von ethnisch-konfessionellen Nationalstaaten, so die Hoffnung, auch Israel stärkere Legitimität verleihen würde. Zweitens unterstützte die Türkei in Syrien nicht nur die Muslimbrüder, sondern mit zunehmender Härte der Auseinandersetzungen auch salafistische und dschihadistische Gruppierungen, die Israel jegliche Legitimität absprechen.

Zudem verschlechterten sich über den Syrienkonflikt die Beziehungen der Türkei zu anderen Regionalmächten. Damit aber konnte die Türkei ihre vormalige Rolle als balancierende und vermittelnde Kraft in der Region nicht mehr ausüben. Durch ihre einseitige Positionierung als Unterstützerin der Sunniten, der Muslimbrüder und des bewaffneten Kampfes sowie durch ihre anti-kurdische Agenda lag sie letztlich mit fast allen regionalen und internationalen Akteuren über Kreuz. So verschlechterten sich zum Beispiel auch die Beziehungen zwischen der Türkei und Ägypten nach dem Putsch gegen Präsident Mursi deutlich – und nachhaltig. Unter anderem beriefen beide Staaten ihre jeweiligen Botschafter ab. Für die regionale Konstellation besonders problematisch war, dass kein anderes Land die ehemals ausgleichende Rolle der Türkei übernahm.

Darüber hinaus traten im Zuge des Arabischen Frühlings die Spannungen zwischen Saudi-Arabien und dem Iran offen zutage. Hatte es insbesondere in den 1950er-Jahren einen sogenannten Arabischen Kalten Krieg zwischen dem sozialistisch ausgerichteten Ägypten unter Präsident Nasser und der konservativen saudischen Monarchie um die politische und ökonomische Ordnung und um regionalen Einfluss gegeben, kämpfen nun Saudi-Arabien und Iran um die Vormachtstellung in der Region. Der Bürgerkrieg in Syrien ist daher (neben dem Irak, dem Libanon und dem Jemen) auch ein Schauplatz, auf dem Riad und Teheran ihre Rivalität austragen, indem sie unterschiedliche Akteure unterstützen oder direkt militärisch in den Konflikt intervenieren.

Die Spannungen zwischen Saudi-Arabien und Iran zeigten sich auch während der Proteste 2011 in Bahrain. Durch eine militärische Intervention des Golfkooperationsrates, die von Saudi-Arabien und den Vereinigten Arabischen Emiraten durchgeführt wurde, wurden sie gewaltsam niedergeschlagen. Man warf den Protestierenden vor, sie würden mit iranischer Unterstützung versuchen, das sunnitische Königshaus zu stürzen.

Aufgrund der saudisch-iranischen Rivalität ist Saudi-Arabien auch einer der entschiedensten Gegner des im Juli 2015 geschlossenen Abkommens zur Kontrolle und zum Abbau des iranischen Atomprogramms, das die internationale Isolation des Iran deutlich verringert. Vor diesem Hintergrund hat es in den letzten Jahren eine Annäherung zwischen den arabischen Golfmonarchien und Israel gegeben, da sie das Interesse an einer Eindämmung des Iran teilen und das Atomabkommen ablehnen. Dies führte zu einer verdeckten Geheimdienst- und Rüstungszusammenarbeit und äußerte sich zunehmend auch in öffentlichen Begegnungen, etwa dem Besuch Netanjahus in Oman sowie seiner Kulturministerin Miri Regev in den VAE im Oktober 2018.

Israel wird oftmals zu den Gewinnern des Arabischen Frühlings gezählt. Zwar hat es wichtige Partner wie Hosni Mubarak verloren, dafür kann es auf eine Interessenkonvergenz mit den arabischen Golfmonarchien und Ägypten setzen. Zudem sind einige der Staaten, die Israel als besonders problematisch sieht, wie Syrien und der Irak, auf lange Zeit deutlich geschwächt worden, sodass die Bedrohung Israels durch konventionelle und Massenvernichtungswaffen deutlich zurückgegangen ist. Zugleich haben aber bewaffnete Gruppierungen wie die Hisbollah von der Destabilisierung der Region profitiert. Durch das Atomabkommen mit dem Iran ist es zwar gelungen, eine weitere kriegerische Auseinandersetzung in der Region zu vermeiden und die internationale Kontrolle über das iranische Atomprogramm deutlich auszubauen. Dies bedeutet aber keineswegs, dass der Iran eine konziliantere Haltung in den regionalen Konflikten – unter anderem in Bezug auf die Unterstützung von militanten Gruppierungen im Nahostkonflikt – einnehmen wird. Ohnehin steht das Atomabkommen in Frage, seit es von der Trump-Administration aufgekündigt wurde.

3. Wagenburg Israel

Die arabischen Umbrüche hatten einen spürbaren Einfluss auf die israelische Wahrnehmung der Region. In Israel verstärkte sich angesichts der Destabilisierung und des (vorläufigen) Aufstiegs von islamistischen Kräften in einigen Umbruchländern das Wagenburgdenken. Zwar forderten Teile der israelischen Linken, Parteien des Zentrums und Vertreter des Sicherheitsapparates, die Umbrüche als Chance zu nutzen, um sich den arabischen Nachbarstaaten anzunähern und Fortschritte im Friedensprozess mit den Palästinensern zu machen. In der Lesart der Netanjahu-Regierung war es aber angesichts der vorherrschenden Unsicherheit und des sich ausbreitenden Chaos in der Region definitiv nicht der geeignete Zeitpunkt, um Zugeständnisse zu machen. Denn diese würden von Israels Feinden als Schwäche ausgelegt werden und seien damit gefährlich.

Entsprechend konzentrierte sich Netanjahus Koalition auf den Ausbau der militärischen Überlegenheit gegenüber den arabischen Nachbarn und dem Iran, auf die Stärkung der Verteidigungsfähigkeit und auf die Abschottung gegenüber den Nachbarstaaten durch den Bau von Grenzzäunen entlang seiner Außengrenzen. In diesem Zusammenhang machte der damalige Verteidigungsminister Barak im März 2011 klar, dass Israel zusätzlich 20 Milliarden US-Dollar Militärhilfe von den USA benötige, um seine Sicherheit angesichts «des historischen Erdbebens» in seiner Nachbarschaft zu gewährleisten. Im Februar 2016 kündigte Netanjahu an, dass er ganz Israel mit Sperranlagen und Zäunen umgeben wolle, um das Land gegen «wilde Bestien» zu schützen. Zudem setzte die Regierung auf diplomatische Kampagnen, um das Atomabkommen mit dem Iran sowie die Aufnahme Palästinas in die UN zu verhindern. Und sie baute ihre Beziehungen zu den arabischen Golfstaaten aus.

Die Haltung der israelischen Regierung spiegelte sich auch in der Bevölkerung wider. Rund zwei Drittel der befragten jüdischen Israelis sahen in einer gemeinsamen Umfrage des Israel Democracy Institute und der Tel Aviv Universität, dem sogenannten Peace Index, im November 2011 die israelische Sicherheitslage durch die arabischen Umbrüche verschlechtert. Außerdem waren rund 63 Prozent der jüdischen Israelis der Meinung, dass auch nach einem Friedensschluss mit den Palästinensern die arabische Welt Israel gegenüber weiterhin feindlich gesinnt sein würde.

Doch auch wenn viele Israelis ihr Land nicht als Teil des Nahen Ostens, sondern stattdessen als «Villa im Dschungel» (so etwa Ehud Barak) sehen, fanden die Proteste in der Region auch in Israel ein Echo: Im Sommer 2011 forderte eine landesweite Protestbewegung die israelische Regierung heraus. Hunderttausende Protestierende forderten bezahlbaren Wohnraum und geringere Lebenshaltungskosten. Ihre Slogans imitierten die der arabischen Protestbewegungen. Eine der Hauptforderungen lautete dabei: «Das Volk verlangt soziale Gerechtigkeit!». Denn im OECD-Vergleich ist Israel eines der Länder mit den größten Einkommensunterschieden. Allerdings stellten die Demonstrierenden bis auf wenige Ausnahmen keinen Zusammenhang zwischen staatlichen Ausgaben für Bildung und Soziales einerseits und den Kosten der Besatzung und einer Politik, bei der militärische Stärke im Vordergrund steht, andererseits her. Auch forderten sie die Regierung nicht zu einer Annäherung an die arabischen Umbruchstaaten auf. Als Reaktion auf die Proteste verkündete die Regierung neue Wohnungsbaupläne und beauftragte im August 2011 eine Kommission mit der Erarbeitung von Lösungsvorschlägen für die sozio-ökonomischen Probleme. Im Sommer 2012 versuchte die Protestbewegung erneut die Bevölkerung zu mobilisieren, erhielt aber weitaus weniger Resonanz.

4. Unmut in der palästinensischen Bevölkerung

Der Arabische Frühling hatte auch einige deutliche Auswirkungen auf die palästinensische Politik und Gesellschaft. Bereits Anfang Januar 2011 äußerten junge Internet-Aktivisten aus Gaza ihren Unmut über die herrschenden Verhältnisse in einem vielbeachteten Manifest, das mit folgenden Worten beginnt: «Fuck Hamas. Fuck Israel. Fuck Fatah. Fuck UN. Fuck UNRWA. Fuck USA!». Dieser Aufruf mündete jedoch nicht – wie in den arabischen Nachbarstaaten – in Massendemonstrationen. Als im Januar und Februar 2011 in Ägypten Proteste gegen das Mubarak-Regime zunahmen, schlugen sowohl die Hamas im Gaza-Streifen als auch die PA im Westjordanland Solidaritätsdemonstrationen mit den ägyptischen Protesten gewaltsam nieder.

Inspiriert von den Aufständen in Ägypten und Tunesien bildete sich auch in Palästina eine Protestbewegung heraus, die allerdings einen deutlich anderen Fokus als in den übrigen arabischen Ländern hatte. Während dort zunächst Reformen, dann der Sturz des Regimes im Mittelpunkt standen, verlangten die palästinensischen Protestierenden in erster Linie die Überwindung der politischen Spaltung zwischen Fatah und Hamas. Am 15. März 2011 forderten Zehntausende im Westjordanland und im Gaza-Streifen Hamas und Fatah zur Einigung auf – eine Haltung, die von der ganz überwiegenden Mehrheit der palästinensischen Bevölkerung geteilt wird, wie Umfragen der letzten Jahre konsistent zeigen. Der daraus entstandene Druck bewirkte tatsächlich vorübergehend Fortschritte bei der innerpalästinensischen Aussöhnung: Im Februar 2012 einigten sich Fatah und Hamas in der katarischen Hauptstadt Doha auf ein Machtteilungsabkommen, eine Technokratenregierung, die Einsetzung eines gemeinsamen Sicherheitskomitees und die Vorbereitung von Wahlen. Das Doha-Abkommen wurde allerdings, wie seine Vorläufer, nur ansatzweise umgesetzt und beendete daher die politische Spaltung letztlich nicht. Auch weitere Aussöhnungsabkommen scheiterten, da weder Fatah noch Hamas bereit waren und sind, ihre Macht mit dem Rivalen zu teilen. Die «Bewegung des 15. März» konnte kein Momentum entwickeln.

Zwar ähneln viele Missstände in Palästina denen in anderen arabischen Ländern (autoritäre Regierungen, Korruption, Vetternwirtschaft, mangelnde Zukunftsaussichten, etc.), dennoch kam es in Palästina nur begrenzt zu Massenprotesten. Denn die Rahmenbedingungen dort unterscheiden sich grundlegend von denen in anderen arabischen Ländern. Erstens erschwert es die politische Spaltung zwischen Hamas und Fatah, den Protest gezielt gegen eine einzige palästinensische Führung zu richten. Die durch die Besatzung und Abriegelung bedingte Trennung zwischen Westjordanland und Gaza-Streifen macht die Herausbildung einer einheitlichen Front der Protestierenden zusätzlich schwierig. Zweitens geht es bei der Unzufriedenheit mit den palästinensischen Führungen nicht nur um den zunehmend autoritären und repressiven Führungsstil, sondern auch um die mangelnden Fortschritte bei der Beendigung der Besatzung. Dabei wird Präsident Abbas das Scheitern seines Verhandlungsansatzes vorgeworfen und der Hamas der Misserfolg ihrer «Widerstandsstrategie». Insofern müssten sich Proteste auch gegen Israel richten. Allerdings sorgt die weitreichende Einschränkung der Bewegungsfreiheit der palästinensischen Bevölkerung dafür, dass Massenproteste gegen die Besatzung an symbolischen Orten, etwa vor der Knesset, auf dem Rabinplatz in Tel Aviv oder auch nur an einem zentralen Ort im Westjordanland, unmöglich sind. Diese Faktoren erleichterten es den Führungen in Ramallah und Gaza Stadt, aufkeimende Proteste schnell zu unterdrücken und das Entstehen einer Protestbewegung wie in anderen arabischen Ländern zu verhindern. Der Unmut über die politischen Führungen bleibt jedoch, wie Meinungsumfragen illustrieren, in der Bevölkerung bestehen.

Neben mehreren Aussöhnungsversuchen, die letztlich scheiterten, ergriffen Hamas und Fatah konkrete Maßnahmen, um ihre Legitimität in der palästinensischen Bevölkerung zu steigern. Die Hamas einigte sich im Herbst 2011 mit Israel im Austausch für den schon 2006 entführten israelischen Soldaten Gilad Schalit auf die Freilassung von rund 1000 in Israel inhaftierten palästinensischen politischen Gefangenen, unter ihnen auch führende Köpfe anderer palästinensischer Fraktionen. Diesen Erfolg konnte die Hamas zumindest kurzfristig propagandistisch nutzen, um ihre Legitimität zu stärken. Die PA setzte ihrerseits zunehmend auf eine Strategie der internationalen Anerkennung. Zwar scheiterte 2011 die Aufnahme als Vollmitglied in die UN, aber im November 2012 konnte Präsident Abbas die Anerkennung Palästinas als Nicht-Mitgliedstaat mit Beobachterstatus («non-member observer state») durch die UN-Generalversammlung als Erfolg reklamieren. Gleichzeitig verfestigten sich in beiden Teilen zunehmend autoritäre Systeme; der Spielraum für Zivilgesellschaft, Opposition und kritischen Journalismus verengte sich.

Dennoch gab es auch in den folgenden Jahren immer wieder Demonstrationen: So kam es im September 2012 im Westjordanland aufgrund von Preissteigerungen zu Massenprotesten und Generalstreiks, die sich gegen die PA und insbesondere gegen den damaligen Premierminister Salam Fayyad richteten. Nach dem Vorbild der Tamarod-Bewegung (arabisch für «Rebellion», «Aufstand»), die im Sommer 2013 in Ägypten den Boden für den Sturz von Präsident Mursi bereitet hatte, versuchte eine gleichnamige Gruppe in Gaza für Proteste gegen die Hamas zu mobilisieren. Im Herbst 2018 kam es zu Massenprotesten gegen ein von der PA beschlossenes Sozialversicherungsgesetz. In ihnen wurde vor allem das mangelnde Vertrauen der Bevölkerung deutlich, dass die PA die Beiträge zuverlässig treuhänderisch verwalten würde. Im März 2019 erschütterten

Proteste gegen die Hamas den Gaza-Streifen. Sie richteten sich in erster Linie gegen die hohen Lebenshaltungskosten, Steuern und Abgaben.

Die arabischen Umbrüche hatten auch direkte Auswirkungen für die palästinensischen Hauptakteure. Während Präsident Abbas vor allem vom Sturz seines langjährigen Unterstützers Mubarak betroffen war, stand die Hamas mit dem Putsch gegen Mursi und aufgrund der Eskalation in Syrien vor einer veränderten Situation.

Das Sisi-Regime ist in zweierlei Hinsicht zur Gefahr für Präsident Abbas geworden. Erstens positioniert es sich nicht mehr als unparteiischer Vermittler im Nahostkonflikt, sondern als Sicherheitspartner Israels. Zweitens interveniert es – so zumindest die Wahrnehmung in Ramallah – in der palästinensischen Nachfolgefrage. Wer den seit 2005 amtierenden Präsidenten Abbas (Jahrgang 1935) einmal ablösen soll, ist ungeklärt. Ein potenzieller Nachfolger ist Mohammed Dahlan. Zwischen Abbas und Dahlan entbrannte ein offener Machtkampf, nachdem Letzterer im Zuge der Hamas-Machtübernahme im Gaza-Streifen von dort fliehen musste und anschließend versuchte, sich eine Machtbasis im Westjordanland aufzubauen. 2011 schloss das Fatah-Zentralkomitee Dahlan aus der Partei aus. Er ging daraufhin in die Vereinigten Arabischen Emirate ins Exil. Im April 2014 verurteilte ein palästinensisches Gericht Dahlan in Abwesenheit zu zwei Jahren Gefängnis wegen Verleumdung und übler Nachrede – er hatte von Kairo aus Präsident Abbas schwer angegriffen und unter anderem für den Tod Arafats mitverantwortlich gemacht. Die Nähe des ägyptischen Präsidenten zu Dahlan hat das Misstrauen von Abbas hervorgerufen und für angespannte Beziehungen zwischen Ägypten und der PA gesorgt.

Die arabischen Umbrüche führten auch zu einer Neupositionierung der Hamas. Vor allem aufgrund ihres «Widerstands» gegen Israel hatte die Hamas finanzielle und militärische Unterstützung von Iran und Syrien erhalten; ihr Hauptquartier befand sich in Damaskus. Die syrische Protestbewegung und ihre gewaltsame Unterdrückung zwangen Hamas zu einer Stellungnahme. Während Syrien und der Iran eine klare Unterstützung des syrischen Regimes einforderten, waren die syrischen Muslimbrüder Teil der Aufstandsbewegung. Die Hamas versagte letztlich 2012 dem Assad-Regime die eingeforderte Unterstützung und versuchte stattdessen, zunächst eine neutrale Haltung zu bewahren. Dieses Lavieren war jedoch für ihre Hauptsponsoren inakzeptabel. Als Konsequenz sah sich die Hamas gezwungen, ihr Hauptquartier nach Katar zu verlegen, und verlor Iran zunächst als finanziellen Unterstützer – auch wenn allem Anschein nach Waffenlieferungen weitergingen.

Die entstandene Lücke versuchte Hamas durch eine Annäherung an Katar, Ägypten und die Türkei zu füllen. Der damalige Chef des Hamas-Politbüros, Khaled Meschal, zog nach Katar, sein Stellvertreter Musa Abu Marzouk ließ sich zunächst in Kairo nieder, und Saleh al-Aruri, Mitglied des Politbüros, zog es in die Türkei. Katar nutzte die Gelegenheit gerne: Der Emir von Katar eröffnete bei einem Besuch im Gaza-Streifen 2012 eine diplomatische Vertretung und sagte zu, 400 Millionen US-Dollar für Bauprojekte zur Verfügung zu stellen. Auch nach dem Führungswechsel in Katar im Sommer 2013 zeichnete sich kein grundsätzlicher Wandel in Katars Palästina-Politik ab. Schrittweise näherten sich auch Iran und Hamas wieder an.

Nach dem Sturz Mubaraks in Ägypten sah die Hamas-Regierung im Gaza-Streifen ihre strategische Position durch den Sieg des Muslimbruders Mohammed Mursi bei den ägyptischen Präsidentschaftswahlen 2012 zunächst gestärkt. Mit dem Militärputsch im Juli 2013 verlor sie allerdings diesen Verbündeten. Die nun einsetzende systematische Verfolgung der Muslimbrüder in Ägypten wirkte sich auch auf die Hamas – und die Situation im Gaza-Streifen – aus. Im März 2014 verbot ein Gericht jegliche Hamas-Aktivitäten in Ägypten. 2015 wurde die Bewegung in Ägypten als Terrororganisation eingestuft. Die neue Führung in Kairo beschuldigte die Hamas der Kooperation mit den ägyptischen Muslimbrüdern und machte sie für die Eskalation der Sicherheitslage auf dem Sinai verantwortlich. Aufgrund dessen sorgte der neue Präsident Sisi für die Zerstörung der Tunnel an der Grenze zwischen Gaza und Ägypten in Rafah und die dauerhafte Schließung des Grenzübergangs. Hamas verlor so die wichtige Einnahmequelle aus der Besteuerung des Tunnelhandels, und die Bevölkerung des Gaza-Streifens die Möglichkeit, über Ägypten ein- oder ausreisen.

2017 zog Hamas die Konsequenzen daraus. Im Mai legte sie ein Dokument vor, das wichtige realpolitsche Akzentverschiebungen enthält und die Charta von 1988 ergänzt. Vor allem akzeptierte sie darin einen palästinensischen Staat in den Grenzen von 1967, zumindest als Interimsschritt. Gleichzeitig distanzierte sich Hamas von den Muslimbrüdern. Im Folgenden zeigte sie sich zu einer konstruktiven Zusammenarbeit mit Ägypten gegen Dschihadisten sowie zum Verzicht auf die alleinige Regierungsverantwortung im Gaza-Streifen bereit. Doch auch ein neuerliches Versöhnungsabkommen vom Oktober 2017 wurde nur ansatzweise umgesetzt.

V. Optionen zur Regelung des Konflikts

In vielen Diskussionen über eine Regelung des israelisch-palästinensischen Konflikts gehen Wunschvorstellungen, realpolitische Ziele und Zustandsbeschreibungen durcheinander. Grundsätzlich ist es daher wichtig, zwischen Lösungsansätzen und Zustandsbeschreibungen zu unterscheiden.

1. Das Paradigma der Zweistaatenregelung

Das Paradigma der Zweistaatenregelung (für die Details s. Kapitel III.3) hat sich sowohl in großen Teilen der internationalen Gemeinschaft als auch unter den wichtigsten Vertretern der Konfliktparteien und deren Bevölkerungen seit den 1930er-Jahren als Hauptbezugspunkt für eine Konfliktregelung herausgebildet.

Erstmals offiziell thematisiert wurde eine Zweistaatenregelung durch die von der britischen Mandatsmacht eingesetzte Peel-Kommission 1937. Als Reaktion auf den Arabischen Aufstand (1936–1939) empfahl die Untersuchungskommission anstelle der britischen Fremdherrschaft die Schaffung eines jüdischen und eines arabischen Staates im Mandatsgebiet Palästina, um den Konflikt zwischen den beiden Bevölkerungen zu lösen. Zwar wurde der Teilungsplan der Peel-Kommission nicht umgesetzt. Er stellte jedoch eine wichtige Referenz für folgende Pläne zum Umgang mit dem Mandatsgebiet Palästina dar. Nachdem Großbritannien sich mit der eskalierenden Lage vor Ort überfordert sah und bekanntgab, das Mandat für Palästina nicht weiterführen zu wollen, richteten die UN einen Sonderausschuss für Palästina ein, der mehrheitlich die Etablierung eines arabischen und eines jüdischen Staates vorschlug, mit Jerusalem als international verwalteter Stadt.

Im November 1947 votierte die UN-Generalversammlung für

den als Resolution 181 vorgelegten Teilungsplan. Die Umsetzung des Plans scheiterte daran, dass die arabischen Staaten nicht bereit waren, einen Staat Israel inmitten des Nahen Ostens zu akzeptieren. Auf jüdischer Seite sah man in der Zustimmung zu dem Plan vor allem eine vorläufige Maßnahme, auf deren Grundlage bestehende territoriale Ansprüche künftig erweitert werden könnten. Durch den ersten arabisch-israelischen Krieg von 1948 rückte eine Zweistaatenregelung in den Hintergrund. Die Palästinafrage wurde nun im Wesentlichen als Flüchtlingsproblem wahrgenommen. Die israelische Besatzung und der Siedlungsbau in den palästinensischen Gebieten ab 1967 ließen Zweistaatlichkeit zunehmend unwahrscheinlicher werden.

Auf internationaler Ebene erkannte die Europäische Gemeinschaft 1980 in ihrer Erklärung von Venedig unter Berufung auf die Sicherheitsratsresolutionen 242 und 338 implizit – durch die Unterstützung des vollen Selbstbestimmungsrechts der Palästinenser – die Zweistaatenregelung als Paradigma für eine Konfliktregelung an. In ihrer Berliner Erklärung von 1999 machten die Europäer dies auch explizit. Der UN-Sicherheitsrat übernahm in Resolution 1397 vom März 2002 erstmals ausdrücklich die Formulierung der Zweistaatenregelung, und im Juni 2002 bekannte sich mit George W. Bush erstmals ein US-Präsident ausdrücklich dazu. Das Bekenntnis zur Zweistaatenregelung fand sich daraufhin auch in der 2003 vom Nahostquartett vorgelegten Roadmap wieder. Im Dezember 2016 verabschiedete der UN-Sicherheitsrat die Resolution 2334, die Israels Siedlungspolitik verurteilt, das Verbot der Aneignung von Territorium durch Gewalt festhält und alle Staaten dazu aufruft, zwischen Israel und dem von ihm 1967 besetzten Gebiet zu unterscheiden. US-Präsident Obama hatte die Resolution durch seine Enthaltung ermöglicht. Sein Nachfolger Trump zeigte sich in puncto Zweistaatenregelung ambivalent.

Nachdem die PLO zunächst die Befreiung des gesamten historischen Palästina gefordert hatte und 1974 die Errichtung eines Staates «auf jedem befreiten Stück» Palästinas beschloss, erkannte der Palästinensische Nationalrat, das Exilparlament der PLO, das als Vertretung der Palästinenser weltweit anerkannt ist, mit der palästinensischen Unabhängigkeitserklärung von 1988 den Staat Israel implizit an. Denn erstens bezog sich die Erklärung auf die UN-Resolution 181, die einen jüdischen und einen arabischen Staat vorsieht. Zweitens berief sich der Palästinensische Nationalrat in einem begleitenden Kommuniqué auf die Resolutionen 242 und 338 des UN-Sicherheitsrats und rückte somit explizit vom früher verfolgten Ziel der Errichtung eines unabhängigen Staates im gesamten Mandatsgebiet Palästina ab. Das Gebiet des im Exil ausgerufenen Staates befand sich vielmehr in den 1967 von Israel besetzten palästinensischen Gebieten.

Bei ihrer Gründung 1987 war die proklamierte Zielsetzung der Hamas die Befreiung ganz Palästinas und die Errichtung eines islamischen Staates. Die Oslo-Abkommen lehnte die Hamas kategorisch ab und setzte unter anderem Selbstmordattentate ein, um ihre Umsetzung zu verhindern. Seit der Beteiligung der Hamas an Wahlen in den palästinensischen Gebieten – den Kommunalwahlen 2004/2005 und den Parlamentswahlen 2006 – hat es jedoch einen Kurswechsel gegeben. Schließlich fanden diese in einem von Oslo vorgegebenen Rahmen statt. Mehrfach haben führende Hamas-Vertreter seither ihre Bereitschaft zu einer friedlichen Koexistenz und sogar einer Zweistaatenregelung signalisiert. So erläuterte der damalige Hamas-Premierminister Ismail Hanijeh 2006 und erneut 2008, dass ein palästinensischer Staat in den Grenzen von 1967 zu einem langfristigen Waffenstillstand mit Israel führen würde. Sowohl Hanijeh als auch Hamas-Politbüro-Chef Khaled Meschal und der Hamas-Führer im Westjordanland, Hassan Yousef, erklärten, dass Hamas ein Friedensabkommen mit Israel auf Grundlage der Grenzen von 1967 anerkennen würde, wenn die palästinensische Bevölkerung diesem in einem Referendum zugestimmt habe. Auch wenn die Hamas bis heute nicht bereit ist, die Legitimität des Staates Israel anzuerkennen, so hat sie sich gerade in den letzten Jahren pragmatisch bemüht, zu Arrangements mit Israel (Gefangenenaustausch, Waffenstillstand, indirekte Sicherheitskooperation) zu kommen.

Während es laut Meinungsumfragen spätestens seit Mitte der 2000er-Jahre in der israelischen und der palästinensischen Bevölkerung eine Mehrheit für eine Zweistaatenregelung gab, nimmt die Zustimmung in den letzten Jahren sowohl in der israelischen als auch der palästinensischen Gesellschaft kontinuierlich ab. Laut Palestinian Center for Policy and Survey Research (PCPSR) lehnte im Dezember 2014 erstmals eine Mehrheit von 51 Prozent der befragten Palästinenser die Zweistaatenregelung ab. Außerdem halten heute knapp 60 Prozent der Befragten eine Zweistaatenregelung aufgrund des Siedlungsbaus nicht mehr für praktikabel. Der gleiche Trend macht sich auch in der israelischen Bevölkerung bemerkbar. Nach einer Umfrage des Harry S. Truman Instituts der Hebräischen Universität in Jerusalem lag in Israel im Juni 2015 die Zustimmung für die Zweistaatenregelung bei 51 Prozent. Ein Jahr zuvor waren es noch 62 Prozent gewesen. In einer Umfrage vor den Wahlen 2019, die von Haaretz veröffentlicht wurde, sprachen sich nur noch 34 Prozent für eine Zweistaatenregelung aus. Auch viele Israelis halten die Umsetzung einer Zweistaatenregelung nicht mehr für realistisch – und erhoffen sich von ihr keine Befriedung mehr.

2. Realität heute: Ein Staat unter israelischer Kontrolle

Wenngleich die Zweistaatenregelung immer noch den wichtigsten Bezugspunkt für eine Konfliktregelung darstellt, hat sich im ehemaligen britischen Mandatsgebiet Palästina längst eine Einstaatenrealität herausgebildet. US-Außenminister John Kerry wies im Jahr 2015 wiederholt warnend darauf hin.

Zwar hat Israel nur einen Teil der besetzten palästinensischen Gebiete formal annektiert, nämlich Ost-Jerusalem. Es übt aber de facto weitgehende Kontrolle über das gesamte Gebiet und dessen Bevölkerung aus. Die Basis dafür haben die Oslo-Abkommen von 1993 bis 1995 mit Zustimmung der palästinensischen Führung geschaffen. Diese nahm damals allerdings an, es handele sich lediglich um Abmachungen für eine fünfjährige Übergangsperiode, die in staatliche Unabhängigkeit münden würde. Zwar halten die Abkommen fest, dass die territoriale Einheit der palästinensischen Gebiete erhalten bleiben soll. Sie beschränken die PA aber im Wesentlichen auf Aufgaben der Selbstverwaltung und der inneren Ordnung in den weitgehend unverbundenen A- und B-Gebieten. Für die sogenannten C-Gebiete des Westjordanlandes sehen sie hingegen eine weitreichende israelische Kontrolle vor. Auf diese Weise entledigte sich Israel eines Teils der Aufgaben einer Besatzungsmacht – die nach Völkerrecht für das Wohlergehen der unter Besatzung lebenden Bevölkerung verantwortlich ist – und übertrug diese an die PA. Die internationale Gemeinschaft übernahm die Finanzierung. Zugleich schrieben die Osloer Verträge für die Übergangsperiode fest, dass Israel die Land- und Seegrenzen sowie den Luftraum der palästinensischen Gebiete kontrollieren würde. Dies ist bis heute der Fall. Lediglich die Grenze zwischen Gaza-Streifen und Ägypten steht seit Mitte 2007 nicht mehr unter israelischer Kontrolle. Nicht zuletzt wurde mit den Abkommen die israelische Dominanz über Jerusalem und die palästinensische Wirtschaft zementiert.

Eines der größten Hindernisse für die Umsetzung einer Zweistaatenregelung stellt die fortgesetzte israelische Siedlungspolitik dar. Israel führte den Siedlungsbau während der Interimsperiode unverändert fort. Im Sommer 2005 setzte die israelische Regierung zwar die Räumung der Siedlungen im ressourcenarmen und ideologisch unbedeutenden Gaza-Streifen durch – schließlich wird dieser nicht als Teil des historischen Stammlandes des jüdischen Volkes gesehen. Gleichzeitig trieb sie jedoch die Siedlungsaktivität im Westjordanland und in Ost-Jerusalem weiter voran. Dort lebten Ende 2017 insgesamt rund 620 000 Siedler. Zwar ließen sich Siedlungen im Rahmen eines Abkommens theoretisch räumen, mit jeder neuen Siedlungseinheit steigen jedoch die politischen und materiellen Kosten für eine solche Räumung und die Umsiedlung der entsprechenden Bevölkerung.

So ist zwischen Mittelmeer und Jordan ein komplexes System entstanden, in dem die Bewohner je nach Staatsbürgerschaft, Wohnort (Israel, Westjordanland, Gaza-Streifen, Ost-Jerusalem) und ethnisch-religiöser Zugehörigkeit unterschiedliche Rechte genießen bzw. entbehren. Jüdische Israelis besitzen die israelische Staatsbürgerschaft und verfügen – abgesehen vom A-Gebiet des Westjordanlandes und dem Gaza-Streifen, deren Betreten ihnen verboten ist, – über uneingeschränkte Bewegungsfreiheit. Palästinenser mit israelischer Staatsbürgerschaft sind zwar in ihrer Bewegungsfreiheit nicht zusätzlich eingeschränkt, sie sind aber als Kollektiv verschiedenen Formen von Diskriminierung ausgesetzt (s. Kapitel III.3). Palästinensische Bewohner Ost-Jerusalems verfügen über eine hellblaue Identitätskarte. Diese sogenannte Jerusalem-ID berechtigt sie zum Leben und Wohnen in Jerusalem. Im Gegensatz zu den Palästinensern, die 1948 im israelischen Staatsgebiet verblieben sind, und ihren Nachfahren verfügen sie jedoch nicht über die israelische Staatsbürgerschaft. Sie besitzen nur ein temporäres Aufenthaltsrecht, das von dem Nachweis abhängt, dass sich ihr Lebensmittelpunkt tatsächlich in Jerusalem befindet – zum Beispiel dadurch, dass sie die «Arnona» genannte Kommunalsteuer zahlen. Der Aufenthaltsstatus kann entzogen werden, wenn eine Person für die Dauer von sieben Jahren oder länger nicht in Jerusalem lebt (s. Kapitel III.3).

Israel kontrolliert seit Beginn der Besatzung 1967 auch das Bevölkerungsregister, in dem alle Neugeborenen im Westjordanland und im Gaza-Streifen registriert werden müssen. Palästinensische Bewohner des Westjordanlandes und des Gaza-Streifens können nur mit einer Sondergenehmigung der israelischen Armee das jeweilige Gebiet verlassen, um zum Beispiel in Jerusalem medizinisch behandelt zu werden. Ebenso wie Inhaber der Jerusalem-ID benötigen sie für Auslandsreisen spezielle Reisedokumente der israelischen Behörden. In der Regel dürfen sie nicht über den Flughafen in Tel Aviv ein- oder ausreisen.

Schon heute gibt es keine jüdische Mehrheit mehr in dem gesamten von Israel kontrollierten Gebiet. Insgesamt waren dort 2018 rund 13,7 Millionen Menschen ansässig, darunter etwa 6,55 Millionen Juden und 6,75 Millionen Araber (Palästinenser und andere arabische Minderheiten) sowie etwa 400 000 «Andere», also nicht-arabische Christen, Bahai, Tscherkessen, etc. (s. Tabelle: Demographische Entwicklung, S. 123). Das demographische Verhältnis dürfte sich in den kommenden Jahren weiter zuungunsten der jüdischen Bevölkerung verändern. Denn diese hat im Durchschnitt geringere Geburtenraten, und es ist nicht mit weiteren großen Einwanderungswellen wie in den 1980er- und 1990er-Jahren zu rechnen, als über eine Million Juden aus der ehemaligen Sowjetunion und aus Äthiopien nach Israel einwanderten. Aus israelischer Sicht spräche daher auch die demographische Entwicklung für eine Zweistaatenregelung. Denn nur durch die Etablierung zweier Staaten ist es für Israel möglich, seinen Charakter als weitgehend demokratischer *und* jüdischer Staat aufrechtzuerhalten.

Die Einstaatenrealität hat kritische Beobachter dazu veranlasst, das Besatzungsregime mit der Apartheid zu vergleichen. Dieser Vergleich ist insbesondere aufgrund seiner rassischen Konnotation normativ stark aufgeladen. Von israelischer Seite wird er auch deshalb abgelehnt, weil der historische Bezug zum Apartheids-Regime in Südafrika zudem an dessen Überwindung durch Boykott und internationale Isolation erinnert. Diese Analogien sind nicht im Interesse der israelischen Regierung. Es existieren allerdings durchaus Schnittmengen zwischen der völkerrechtlichen Definition von Apartheid und der Situation in Israel und den palästinensischen Gebieten. Insbesondere die eingeschränkten Rechte der palästinensischen Bevölkerung und die systematische Bevorzugung der jüdischen Bevölkerung verweisen auf ein «institutionalisiertes Regime systematischer Unterdrückung und Dominanz durch eine rassische Gruppe über eine andere» – so die Definition im Römischen Statut des Internationalen Strafgerichtshofs in Artikel 7, Absatz 2 (h), das unmenschliche Behandlung in diesem Sinne als Apartheid klassifiziert und zu den Verbrechen gegen die Menschlichkeit zählt. Dabei beruht das System der Differenzierung in Israel und den besetzten Gebieten freilich nicht auf Rasse, sondern in erster Linie auf religiös definierter Volkszugehörigkeit.

In der Folge ist es in den letzten Jahren zu einer internationalen Boykott- und Embargobewegung gekommen: die sogenannte BDS-Bewegung (BDS = Boycott, Divestment, and Sanctions), die auf eine Politikänderung durch Isolierung und wirtschaftlichen Druck abzielt. Die israelische Regierung hat versucht, deren Auswirkungen durch diplomatische Bemühungen und eine Reihe von Gesetzesvorhaben abzuwenden. So ermöglicht das 2011 verabschiedete Anti-Boykott-Gesetz die Bestrafung von Personen und Organisationen, die zum Boykott Israels aufrufen. Insgesamt wird das politische Klima in Israel zunehmend durch eine Einflusszunahme von rechtsgerichteten, nationalistischen und ideologisch-religiös motivierten Kräften geprägt. Dies spiegelt sich einerseits in illiberalen Gesetzesinitiativen wider, die darauf ausgerichtet sind, kritische Stimmen zu marginalisieren. So werden von der Regierung seit 2013 regelmäßig Gesetze vorgelegt, die auf die eine oder andere Art die Finanzierung von Nichtregierungsorganisationen durch ausländische öffentliche Gelder einschränken sollen. Dies würde insbesondere regierungskritische Organisationen betreffen, die Menschenrechte einfordern oder die Besatzung der palästinensischen Gebiete anprangern und etwa von Deutschland oder der EU finanzielle Unterstützung erhalten. Siedlerorganisationen und der Regierung nahestehende Medien, die von Privatpersonen aus dem Ausland unterstützt werden, wären hingegen nicht betroffen. In diesem Zusammenhang gibt es immer wieder Hetzkampagnen, bei denen Gruppen wie «NGO Monitor» oder «Im Tirtzu» Menschenrechtsorganisationen aggressiv angreifen und in den Medien verunglimpfen. Außerdem liegen seit 2011 mehrere Gesetzesinitiativen zur Verschärfung des Verleumdungstatbestands vor, teils von Netanjahus Regierung unterstützt, die sich insbesondere gegen investigative Journalisten richten und Strafzahlungen von bis zu 70000 Euro für Verleumdung vorsehen, ohne dass ein Schaden nachgewiesen werden muss.

Andererseits hat die Regierung Gesetze vorgelegt, die darauf abzielen, die jüdische Identität des Staates zu stärken, allen voran das Nationalstaatsgesetz von 2018. Eine Erosion der demokratischen Werte ist auch in Meinungsumfragen zu erkennen. In einer Umfrage des Israel Democracy Institute aus dem Jahr 2018 stimmten knapp 27 Prozent der befragten jüdischen

Israelis der Aussage zu, dass jüdische Bürger mehr Rechte haben sollten als nichtjüdische. 47 Prozent waren der Ansicht, dass Bürger ihr Wahlrecht verlieren sollten, wenn sie nicht bereit seien, Israel als jüdischen Staat anzuerkennen.

Auch in den palästinensischen Gebieten ist es infolge abnehmender Popularität der beiden Führungen zur weiteren Einschränkung politischer Freiheiten gekommen (s. Kapitel IV.4); ein demokratisches Regierungssystem besteht ohnehin nur auf dem Papier (und in den Grenzen des Besatzungsregimes). Zugleich hat die Schaffung einer demokratischen Ordnung laut einer Umfrage des PCPSR vom Dezember 2018 nur für elf Prozent der palästinensischen Bevölkerung oberste Priorität. Demgegenüber sind das Ende der Besatzung (46 Prozent), die Realisierung des Rückkehrrechts für palästinensische Flüchtlinge (30 Prozent) und die Islamisierung der Gesellschaft (14 Prozent) für die Befragten wichtiger. Damit laufen letztlich die innenpolitischen Entwicklungen in beiden Gemeinwesen, befeuert durch den Konflikt, auch der internationalen Erwartung zuwider, dass Zweistaatlichkeit zur Etablierung zweier *demokratischer* Staaten führen würde.

3. Alternativen zur Zweistaatenregelung

Vor dem Hintergrund zunehmender Zweifel an der Realisierbarkeit einer Zweistaatenregelung wurden in den letzten Jahren sowohl auf israelischer als auch auf palästinensischer Seite alternative Ansätze entwickelt, um mit dem Konflikt umzugehen. Dazu zählen Einstaatenmodelle, die eine jüdische Dominanz vorsehen, Vorschläge für einen binationalen Staat sowie Konzepte für eine Konföderation zweier unabhängiger Staaten. Hierfür gibt es historische Vorläufer. Entgegen der zionistischen Zielsetzung eines jüdischen Staates entwarfen zum Beispiel bereits 1925 jüdische Intellektuelle, die der Gruppe Brit Schalom angehörten, einen binationalen Staat als Grundlage für ein gleichberechtigtes Zusammenleben von Juden und Arabern in Palästina. Bevor die PLO die Zweistaatenregelung akzeptierte, sprach sich der Palästinensische Nationalrat 1971 für einen demokratischen Staat im gesamten historischen Palästina aus, in dem Muslime, Christen und Juden zusammenleben würden.

Jüdisch dominierte Einstaatenregelung Hinsichtlich aktueller Vorschläge von israelischer Seite fällt auf, dass sich Befürworter einer Einstaatenregelung insbesondere im rechten politischen Spektrum finden. Sie erheben auf Grundlage einer religiös-ideologischen Motivation Anspruch auf das Westjordanland. Sowohl der ehemalige Außen- und Verteidigungsminister Mosche Arens als auch der derzeitige israelische Staatspräsident Reuven Rivlin – beide Likud – lehnen eine Zweistaatenregelung ab und werben stattdessen für die Annexion des Westjordanlandes, bei gleichzeitiger Gewährung von Bürgerrechten für die palästinensische Bevölkerung.

Auch Naftali Bennett, damals Chef der rechtsextremen Siedlerpartei Jüdisches Heim, lehnt einen unabhängigen palästinensischen Staat ab. Er plädiert in seinem 2012 vorgelegten «Stabilitätsplan» für die unilaterale Annexion der C-Gebiete des Westjordanlandes und der dortigen israelischen Siedlungen. Die dort lebenden Palästinenser sollen laut Bennett volle Bürgerrechte erhalten. Bennett unterschätzt in seinem Plan jedoch nicht nur die Zahl der in den C-Gebieten lebenden Palästinenser deutlich – er gibt sie mit 50 000 an –, die nach Angaben der UN 2018 rund 300 000 betrug. Er gesteht der in den A- und B-Gebieten lebenden palästinensischen Bevölkerung auch nur autonome Selbstverwaltung, nicht aber staatliche Unabhängigkeit zu.

Mittlerweile treten die Annexionsbefürworter immer lautstärker auf. Die Vorschläge der israelischen Rechten für eine Konfliktregelung stellen somit in der Regel schlicht eine Formalisierung der Einstaatenrealität dar und sehen, wenn auch in unterschiedlicher Schärfe, die Beibehaltung unterschiedlicher Rechte, inklusive einer Bevorzugung der jüdischen Bevölkerung gegenüber der palästinensischen, vor. Palästinensische Eigenstaatlichkeit lehnen sie grundsätzlich ab. Palästinenser hätten zwar individuelle Bürgerrechte, aber als Kollektiv würden ihnen nur eingeschränkt politische Rechte zugestanden. Auffällig ist, dass bei den Vorschlägen die Annexion des Westjordanlandes (oder von Teilen desselben) im Vordergrund steht, während der Gaza-Streifen in der Regel explizit oder implizit ausgeschlossen wird. Denn nur ohne die Bevölkerung des Gaza-Streifens wäre es möglich, in einem binationalen Staat mittelfristig eine demographische jüdische Mehrheit aufrechtzuerhalten. In diesem Zusammenhang betonen rechte Befürworter außerdem oft, dass palästinensische Flüchtlinge kein Recht auf Rückkehr erhalten würden.

Demnach handelt es sich bei diesem Ansatz nicht um einen binationalen Staat mit gleichen Rechten für beide Gemeinschaften, sondern um eine jüdisch dominierte Einstaatlichkeit, die die israelische Souveränität auf einen Teil der besetzten Gebiete ausweiten würde.

Solche Vorschläge finden auch immer mehr Unterstützung in der Bevölkerung. In einer in Haaretz im März 2019 veröffentlichten Umfrage traten 42 Prozent der befragten Israelis für eine Annexion ein: 11 Prozent für eine volle Annexion des Westjordanlandes und politische Rechte für die Palästinenser, 16 Prozent für volle Annexion ohne politische Rechte und 15 Prozent für eine Annexion der C-Gebiete.

Ein demokratischer binationaler Staat Neben diesen Vorschlägen gibt es im linken Spektrum Israels Ansätze für eine Einstaatenregelung bzw. einen binationalen Staat, die die gleichen Rechte von Israelis und Palästinensern betonen. Diese kommen von einer relativ kleinen Minderheit von post-zionistischen Israelis. So sieht zum Beispiel der ehemalige Arbeitspartei-Politiker und Knesset-Sprecher Avraham Burg in der mangelnden Realisierbarkeit einer Zweistaatenregelung die Chance für einen Staat auf der Grundlage von Gleichheit, Gerechtigkeit und Freiheit für Israelis und Palästinenser. Für den israelischen Historiker Ilan Pappé stellt eine solche Einstaatenregelung die einzige Möglichkeit dar, um die Diskriminierung der palästinensischen Bevölkerung in Israel und die israelische Besatzung zu beenden und palästinensischen Flüchtlingen eine Rückkehr zu ermöglichen.

Auf palästinensischer Seite setzt mittlerweile ein Umdenken ein. Zwar verfolgt PA-Präsident Abbas weiterhin grundsätzlich das Ziel eines unabhängigen palästinensischen Staates. Nicht zuletzt beruht ja die Existenz der PA – und damit seine eigene Position als Präsident – auf dem Oslo-Prozess, der auf Zweistaatlichkeit ausgerichtet war. Auch verweisen führende palästinensische Politiker, wie Saeb Erekat, Ahmad Kurei oder Nabil Schaath, meist nur als Drohgebärde darauf, dass sie die PA auflösen und künftig auf gleiche staatsbürgerliche Rechte in einem Staat setzen würden, wenn es keine Fortschritte im Friedensprozess gebe. Zudem erklärte Abbas vor der UN-Generalversammlung im September 2015, dass sich die PA – im Falle einer fortgesetzten israelischen Siedlungstätigkeit – nicht mehr an die Oslo-Verträge gebunden fühlen werde.

Ernstzunehmende Vorschläge kamen aber zum Beispiel von dem 2003 verstorbenen bekannten palästinensischen Literaturtheoretiker Edward Said, der sich bereits 1999 für einen binationalen palästinensisch-israelischen Staat als Alternative zum Oslo-Friedensprozess, den er als gescheitert ansah, aussprach. Denn einerseits gebe es so viele wechselseitige Abhängigkeiten zwischen beiden Seiten, dass eine Trennung praktisch unmöglich sei. Andererseits hielt er die Umsetzung der nationalen palästinensischen Selbstbestimmung in einem eigenen Staat aufgrund israelischer Ansprüche auf das Territorium für nicht realisierbar. Stattdessen sah er in gleichen Bürgerrechten für Israelis und Palästinenser die Grundlage für ein funktionierendes Zusammenleben in einem Staat.

Nachdem der palästinensische Philosoph, ehemalige PLO-Vertreter in Ost-Jerusalem und langjährige Präsident der dortigen Al-Quds Universität Sari Nusseibeh die Zweistaatenregelung lange Zeit unterstützt hatte, konnte er sie 2011 nur noch als Fantasie sehen. Er sprach sich – in Form eines für die palästinensische Gesellschaft provokant anmutenden Gedankenexperiments – alternativ für die israelische Annexion der besetzten Gebiete aus. Palästinenser wären dann zunächst Bürger zweiter Klasse mit Bürgerrechten, aber ohne politische Rechte. Als Folge wäre dieser Staat zunächst jüdisch, aber das Land wäre binational. Das Streben nach vollen Bürgerrechten in dieser Einstaatenkonstellation würde die Lebenssituation der Palästinenser im Vergleich zur Besatzung deutlich verbessern.

Mittlerweile ist insbesondere unter jüngeren Palästinensern eine lebendige Debatte über die Forderung nach gleichen Rechten anstelle des Strebens nach nationaler Unabhängigkeit entstanden. Sie ist vor allem auf den Legitimitäts- und Glaubwürdigkeitsverlust der palästinensischen Führung zurückzuführen, die in den Augen der Bevölkerung mitverantwortlich für das Andauern der Besatzung ist. Zahlreiche palästinensische Graswurzelinitiativen haben in diesem Zusammenhang auch den Schwerpunkt ihrer Aktivitäten verlagert und entwickeln neue Formen des Widerstandes gegen die israelische Besatzung, die oft unter dem Begriff «popular resistance» zusammengefasst werden. Diese zielen nicht vorrangig auf staatliche Unabhängigkeit, sondern darauf, die Lebenssituation unmittelbar zu verbessern. Hierzu zählen unter anderem die regelmäßigen Proteste gegen den Verlauf der Sperranlagen, zum Beispiel im Dorf Bil'in. Dazu gehört auch der schon erwähnte Aufruf zum Boykott israelischer Produkte und Institutionen, der von der BDS-Initiative angeführt wird und zahlreiche internationale Unternehmen dazu veranlasst hat, ihre Beteiligung an israelischen Firmen oder Banken, die von der Besatzung profitieren, zu beenden.

In diesem Zusammenhang hat auch die Zustimmung zu einer Einstaatenregelung mit gleichen Rechten für Juden und Araber zugenommen. Sie schwankt auf beiden Seiten zwischen zehn und 30 Prozent. Der palästinensisch-amerikanische Journalist Ali Abunimah schlug in seinem 2006 erschienenen Buch «One Country» eine Einstaatenlösung auf der Grundlage von acht Prinzipien vor: Gleichbehandlung aller Bürger und Achtung bürgerlicher, politischer, sozialer und kultureller Rechte; Gründung einer Union zweier gleichberechtigter nationaler Gemeinschaften; Erhalt der sprachlichen und kulturellen Traditionen beider Nationen; Religionsfreiheit und Neutralität des Staates gegenüber den Religionsgemeinschaften; Zulassen von Formen inklusiver Identität, die über die nationalen Gemeinschaften hinausgehen und exklusive Identitäten überwinden, die auf der

Ablehnung der jeweils anderen Seite fußen; Anerkennung besonderer Beziehungen zu den jeweiligen Diaspora-Gemeinden; besondere Verantwortung des Staates für den Schutz der Heiligen Stätten der drei monotheistischen Weltreligionen und Sicherung des Zugangs zu ihnen; Förderung wirtschaftlicher Chancen, sozialer Gerechtigkeit und eines Lebens in Würde für alle Bürger sowie Entschädigung der Opfer vorangegangenen Unrechts.

Wenngleich sich die einzelnen Vorschläge für einen binationalen Staat in der Ausformung der konkreten Umsetzung unterscheiden, teilen sie einige Merkmale: Generell soll es sich um einen binationalen, demokratischen und säkularen Staat für Israelis und Palästinenser handeln, in dem die Rechte von Minderheiten geschützt sind.

Allerdings lehnen in Meinungsumfragen beide Bevölkerungen eine Einstaatenregelung bislang mit deutlichen Mehrheiten ab. Eine gemeinsame Umfrage des PCPSR und des Harry S. Truman Instituts der Hebräischen Universität Jerusalem vom Juni 2013 zeigt, dass sowohl in der palästinensischen als auch der israelischen Bevölkerung rund zwei Drittel eine Einstaatenregelung mit gleichen Rechten für Juden und Araber ablehnen. In der palästinensischen Gesellschaft müsste der Ausrichtung auf eine Regelung mit nur einem Staat ein Paradigmenwechsel vorausgehen, bei dem das Streben nach nationaler Selbstbestimmung zugunsten gleicher Rechte aufgegeben würde. Aus israelischer Sicht widerspricht eine auf Gleichheit basierende Einstaatenregelung dem politischen Zionismus.

Konföderationsmodelle Neben diesen Vorschlägen gibt es innovative Ansätze, die über eine Ein- oder Zweistaatenregelung hinausgehen. In diesem Zusammenhang spielen insbesondere Konföderationsmodelle eine Rolle. Dazu gehört etwa der Ansatz der Bewegung «One land for all», auch unter dem Namen «Two states, one homeland» bekannt, die von dem israelischen Journalisten Meron Rapoport und dem palästinensischen Aktivisten Awni Almsni gegründet wurde. Er sieht zwei Staaten mit offenen Grenzen vor. Politische Rechte hätten Bürger nur in ihrem jeweiligen Staat. 2004 schlug der israelische Anthropologe und Menschenrechtsaktivist Jeff Halper einen Zwei-Stufen-Plan zur Lösung des Nahostkonflikts vor. Seinem Ansatz liegt die Erkenntnis zugrunde, dass die zentralen Probleme des Nahostkonflikts regionaler Natur sind und deshalb nur auf regionaler Ebene geregelt werden können. Im Zuge der ersten Stufe würde ein lebensfähiger, souveräner palästinensischer Staat auf Grundlage der Grenzen von 1967 geschaffen. Im Rahmen der zweiten Stufe würde die internationale Gemeinschaft die Schaffung einer der Europäischen Union ähnlichen regionalen Konföderation zwischen Israel, Palästina und Jordanien sowie langfristig auch Syrien und Libanon und gegebenenfalls weiteren Staaten wie Ägypten unterstützen. Die regionale Komponente ist für Halper entscheidend, um die wirtschaftliche Lebensfähigkeit Palästinas zu gewährleisten. Gesetze, die diese gesamte «Nahost-Union» beträfen, würden von einem Konföderationsparlament verabschiedet, das dabei die individuellen Rechte der Unionsbürger berücksichtigen müsste, unabhängig davon, wo diese leben. Hinsichtlich der Flüchtlingsfrage schlägt Halper vor, dass die palästinensische Bevölkerung innerhalb dieser «Nahost-Union» wählen könnte, ob sie die Staatsbürgerschaft Palästinas annehmen möchte oder die des bisherigen Wohnsitzlandes. Zudem gäbe es in der Union Bewegungs-, Niederlassungs- und Beschäftigungsfreiheit. Dadurch hätten palästinensische Flüchtlinge die Möglichkeit, nach Israel zurückzukehren, ohne dass sie die israelische Staatsbürgerschaft erhalten und damit den Charakter des israelischen Staates herausfordern würden. Parallel dazu könnten israelische Siedler im Westjordanland unter palästinensischer Souveränität leben.

Im November 2014 stellte die israelisch-palästinensische Nichtregierungsorganisation IPCRI (Israel Palestine Creative Regional Initiatives) den bisher umfassendsten Plan für eine Konföderation vor. Der Plan kam unter Beteiligung von israelischen und palästinensischen Vertretern aus Politik, Wissenschaft und Zivilgesellschaft zustande und sieht die Schaffung zweier unabhängiger, souveräner und demokratischer Staaten – Israel und Palästina – auf der Grundlage der Grenzen von 1967 vor. Beide Staaten würden eine politische und ökonomische Union bilden, mit gemeinsamen wirtschaftlichen und sozialen Institutionen und einem Obersten Gerichtshof für Menschenrechte. Die Grenzen zwischen beiden Staaten wären offen, und für ihre Bürger bestünde Bewegungsfreiheit. Nach und nach sollen sie auch Niederlassungsfreiheit erhalten. Jerusalem würde als offene und ungeteilte Stadt die Hauptstadt beider Staaten werden. Die Urheber dieses Plans betonen, dass so drei zentrale Probleme gelöst werden könnten: Erstens würde Jerusalem nicht geteilt, zweitens könnten palästinensische Flüchtlinge ein Rückkehrrecht erhalten, und drittens müssten jüdische Siedlungen im Westjordanland nicht evakuiert werden.

Ein anderer innovativer Ansatz findet sich in einem vom schwedischen Diplomaten Mathias Mossberg 2008 initiierten Projekt. Dieses schlug ein Modell «paralleler Staaten» vor, die sich beide über das gesamte Territorium von Israel und Palästina erstrecken würden. Die Souveränität über dieses Gebiet wäre geteilt, wobei sie in erster Linie nicht territorial, sondern in Bezug auf die jeweiligen Staatsbürger definiert würde. Auf diese Weise könnte Israel sowohl seinen jüdischen und weitgehend demokratischen Charakter als auch seine Siedlungen behalten. Gleichzeitig könnte ein palästinensischer Staat entstehen und das Rückkehrrecht für palästinensische Flüchtlinge in diesem realisiert werden. Einige Aufgaben würden von den Institutionen beider Staaten gemeinsam ausgeführt werden, andere getrennt durch den jeweiligen Staat. Ein dauerhafter Verhandlungsmechanismus würde der Streitbeilegung und Problemlösung dienen. Wirtschaftlich würden beide Staaten in eine Union eintreten. Juristisch wäre jeder Staat für die jeweils eigene Bevölkerung zuständig, wobei es auch Bereiche gemeinsamer bzw. harmonisierter Jurisdiktion gäbe.

Letztlich stellen Einstaatenmodelle angesichts der politischen Realitäten derzeit keine gangbare Lösung für den Konflikt dar: Entsprechende Vorschläge der israelischen Rechten würden nur den Status quo festschreiben. Die Dominanz des jüdischen und des palästinensischen Nationalismus und damit einhergehende unvereinbare Identitätskonstruktionen wiederum stehen der

Realisierung einer Einstaatenregelung entgehen, die auf Gleichheit und Verständigung basieren würde. Demgegenüber stellen Konföderationsmodelle einen Kompromiss dar, der es ermöglichen könnte, nationale Identitäten und Souveränitätsansprüche aufrechtzuerhalten und gleichzeitig Wege der Kooperation zu finden.

4. Ausblick

Neben dem Machtungleichgewicht zwischen den beiden Kontrahenten ist ein wichtiges Hindernis für jegliche Konfliktregelung, wie immer sie im Detail aussähe, eine mittlerweile tief verwurzelte, wechselseitige Entfremdung zwischen beiden Bevölkerungen. Die Zweite Intifada hat auf beiden Seiten die gesellschaftlichen Kräfte, die eine Friedenslösung befürworteten, nachhaltig geschwächt und das Vertrauen in die jeweils andere Seite zerstört. Mittlerweile sprechen beide Bevölkerungen der jeweils anderen Seite nicht nur den Friedenswillen, sondern auch die Friedensfähigkeit ab.

Die Realisierung einer Zweistaatenregelung wird damit immer unwahrscheinlicher, während sich gleichzeitig die Einstaatenrealität zunehmend verfestigt. Die sinkende Zustimmung zur Zweistaatenregelung in den Bevölkerungen spiegelt dies wider und stellt ein zusätzliches Hindernis für eine Regelung dar. Zugleich fehlt den beiden politischen Führungen der Wille, die entsprechenden Kompromisse einzugehen, die für eine Umsetzung notwendig wären. Dennoch bleibt die Zweistaatenregelung sowohl für die internationale Gemeinschaft als auch für die führenden politischen Kräfte der Konfliktparteien bislang der Hauptbezugspunkt zur Lösung des Nahostkonflikts, wenn auch teils nur als Lippenbekenntnis.

Da sich Israelis und Palästinenser aufgrund der israelischen Dominanz nicht auf Augenhöhe begegnen, wäre eine verstärkte internationale Einmischung und Vermittlung, die die Sorgen und Interessen beider Seiten aufnimmt, von zentraler Bedeutung, um Fortschritte zu erzielen. Denn der Oslo-Friedensprozess ist nicht zuletzt daran gescheitert, dass eine solche aktive Einmischung fehlte. In diesem Sinne müsste die internationale Gemeinschaft Eckpunkte vorgeben, innerhalb derer sich die Konfliktparteien zu einigen haben, sowie konkrete Sicherheitsgarantien und Beiträge zur Regelung des Flüchtlingsproblems anbieten.

Zugleich müsste eine Konfliktregelung auch die Nachbarstaaten einbeziehen, da insbesondere die palästinensische Flüchtlingsfrage eine regionale Dimension hat. Grundsätzlich bietet sich für Israel die Chance, auf Basis der Arabischen Friedensinitiative von 2002 mit allen arabischen und islamischen Ländern Frieden zu schließen. Doch auch wenn die Streitpunkte Israels mit seinen Nachbarn Libanon und Syrien von der Substanz her deutlich einfacher zu regeln sind als mit den Palästinensern, ist – vor dem Hintergrund des Bürgerkriegs in Syrien und des Kampfes um regionale Hegemonie zwischen Iran und Saudi-Arabien – auf absehbare Zeit weder eine Regelung der regionalen Dimensionen des Palästina-Konflikts noch eine Einigung auf ein israelisch-syrisches oder ein israelisch-libanesisches Friedensabkommen wahrscheinlich. Nachdem die Besatzung 2017 ihr 50-jähriges Jubiläum hatte, ist sicher, dass der Konflikt auf absehbare Zeit fortdauert. Abzusehen ist auch, dass das in Oslo vereinbarte Konfliktmanagement immer stärker erodiert und das Fortbestehen der PA grundsätzlich in Frage steht. Unklar ist lediglich, in welcher Form der Konflikt in Zukunft ausgetragen wird.

Abkürzungen

AKP	Adalet ve Kalkınma Partisi; türkische Partei für Gerechtigkeit und Entwicklung
BDS	Boycott, Divestment, and Sanctions; internationale Boykottbewegung gegen Israel
IGH	Internationaler Gerichtshof
IPCRI	Israel Palestine Creative Regional Initiatives; israelisch-palästinensische NGO
INSS	Institute for National Security Studies; israelisches Institut für nationale Sicherheitsstudien
NATO	North Atlantic Treaty Organization; Nordatlantikpakt-Organisation
OECD	Organisation for Economic Cooperation and Development; Organisation für wirtschaftliche Zusammenarbeit und Entwicklung
PA	Palestinian Authority; Palästinensische Autonomiebehörde
PCPSR	Palestinian Center for Policy and Survey Research; palästinensisches Institut für Forschung und Meinungsumfragen
PLO	Palestine Liberation Organisation; Palästinensische Befreiungsorganisation
TIPH	Temporary International Presence in Hebron
UN	United Nations; Vereinte Nationen
UNDOF	United Nations Disengagement Observer Force; UN-Truppen auf den Golanhöhen
UNIFIL	United Nations Interim Force in Lebanon; UN-Truppen im Südlibanon
UNOCHA	UN Office for the Coordination of Humanitarian Affairs; UN-Koordinationsbüro für humanitäre Angelegenheiten
UNRWA	United Nations Relief and Works Agency for Palestine Refugees in the Near East; UN-Hilfswerk für Palästina-Flüchtlinge im Nahen Osten
UNSCOP	United Nations Special Committee on Palestine; UN-Sonderausschuss für Palästina
UNTSO	United Nations Truce Supervision Organization; UN-Organisation zur Überwachung des Waffenstillstands von 1948

Zeittafel

ab 1882	Beginn der jüdischen Einwanderung nach Palästina
1896, Feb.	Theodor Herzl veröffentlicht «Der Judenstaat», in dem er die Errichtung eines jüdischen Staates als Antwort auf den europäischen Antisemitismus vorschlägt.
1897, Aug.	Erster Zionistenkongress in Basel: Forderung nach einer «Heimstätte in Palästina» als Alternative zur Assimilierung
1915/16	Hussein-McMahon-Korrespondenz
1916, Mai	Sykes-Picot-Abkommen
1917, Nov.	Balfour-Deklaration
1922, Juli	Großbritannien erhält offiziell das Mandat des Völkerbundes über das Gebiet Palästina.
1929, 23./24. Aug.	Hebron-Massaker
1936–1939	Arabischer Aufstand gegen die britische Mandatsmacht
1946, 22. Juli	Bombenanschlag der jüdischen Untergrundorganisation Irgun auf das Hauptquartier der britischen Mandatsverwaltung im King David Hotel
1947, 29. Nov.	UN-Generalversammlung nimmt den Teilungsplan für Palästina an (Resolution 181).
1948, 14. Mai	Israelische Unabhängigkeitserklärung, Beginn des ersten israelisch-arabischen Krieges (Unabhängigkeitskrieg bzw. Nakba, arab. für «Katastrophe»)
1949, Feb.–Juli	Waffenstillstandsabkommen zwischen Israel einerseits und Ägypten, Jordanien, Libanon und Syrien andererseits
1956, Okt.–Dez.	Suezkrise vs. Trilaterale Aggression; zweiter israelisch-arabischer Krieg
1959, Okt.	Gründung der Bewegung zur Befreiung Palästinas (Fatah)
1964, Juni	Gründung der Palästinensischen Befreiungsorganisation (PLO)
1967, 5.–10. Juni	Sechs-Tage-Krieg bzw. Naksa (arab. für «Rückschlag»); dritter israelisch-arabischer Krieg
1967, 22. Nov.	Verabschiedung von Resolution 242 durch den UN-Sicherheitsrat
1970	Schwarzer September

1973, 6.–26. Okt.	Jom-Kippur-Krieg bzw. Oktober- oder Ramadan-Krieg; vierter israelisch-arabischer Krieg
1975–1989	Libanesischer Bürgerkrieg
1977, 20. Nov.	Rede des ägyptischen Präsidenten Anwar al-Sadat vor der Knesset
1978, Sept.	Camp-David-Verhandlungen zwischen Israel und Ägypten
1979, März	Israelisch-ägyptischer Friedensvertrag
1982, Jun./Aug.	Libanon-Krieg; fünfter israelisch-arabischer Krieg
1987, 8. Dez.	Beginn der Ersten Intifada
1987	Gründung der Hamas, einer militanten Abspaltung der palästinensischen Muslimbruderschaft
1988, 15. Nov.	Palästinensische Unabhängigkeitserklärung, Proklamation eines palästinensischen Staates in den 1967 besetzten Gebieten durch die Exil-PLO
1990/91	Solidarisierung Arafats mit Saddam Hussein während des Zweiten Golfkriegs
1991, 30. Okt.–1. Nov.	Nahost-Friedenskonferenz in Madrid
1993, 13. Sept.	Oslo-I-Abkommen (Prinzipienerklärung)
1994, 25. Feb.	Der jüdische Extremist Baruch Goldstein tötet in der Patriarchenhöhle/Abrahamsmoschee in Hebron 29 Palästinenser. Daraufhin wird eine temporäre internationale Beobachtermission (TIPH) eingesetzt.
1994, 29. April	Pariser Protokoll (Protokoll über israelisch-palästinensische Wirtschaftsbeziehungen)
1994, 4. Mai	Gaza-Jericho-Abkommen; Etablierung der Palästinensischen Autonomiebehörde (PA)
1994, 26. Okt.	Israelisch-jordanischer Friedensvertrag
1995, 24. Sept.	Oslo-II-Abkommen (Interimsabkommen)
1995, 4. Nov.	Ermordung des israelischen Premierministers Jitzhak Rabin durch den jüdischen Extremisten Jigal Amir
1995, Dez.–1996, Jan.	Friedensgespräche zwischen Israel und Syrien im amerikanischen Wye River
1997, 17. Jan.	Hebron-Abkommen zwischen Israel und der PLO
1998, 23. Okt.	Wye-River-Memorandum zwischen Israel und der PLO
2000, Mai	Rückzug israelischer Truppen aus dem Südlibanon
2000, Juli	Endstatus-Verhandlungen zwischen Israel und den Palästinensern in Camp David
2000, 28. Sept.	Beginn der Zweiten Intifada («Al-Aksa-Intifada»)
2002, März	Arabische Friedensinitiative
2002, März–Mai	Israelische Militäroperation «Defensive Shield»
2002, Juni	Israel beginnt mit dem Bau von Sperranlagen im Westjordanland.

2003, April	Das Nahostquartett (bestehend aus USA, Russland, EU und UN) legt die sog. «Roadmap» vor.
2003, Dez.	Veröffentlichung der sog. Genfer Initiative
2004, 11. Nov.	Tod Jassir Arafats. Mahmud Abbas wird sein Nachfolger als Präsident, Fatah- und PLO-Vorsitzender.
2005, Aug.	Einseitige Abkopplung: Israel räumt Siedlungen und Militärbasen im Gaza-Streifen und vier isolierte Siedlungen im Westjordanland. Danach Verschärfung der Abriegelung des Küstengebiets
2006, Jan.	Wahlsieg der Hamas bei den zweiten palästinensischen Parlamentswahlen. Im Juli und August des Jahres militärische Auseinandersetzungen zwischen Israel und dem Gaza-Streifen.
2006, Juli/Aug.	Zweiter Libanon-Krieg; sechster israelisch-arabischer Krieg
2007, Juni	Bürgerkriegsähnliche Auseinandersetzungen und gewaltsame Machtübernahme der Hamas im Gaza-Streifen
2007, 27. Nov.	Wiederaufnahme von Friedensverhandlungen zwischen Israelis und Palästinensern in Annapolis
2008, Dez.–2009, Jan.	Militärische Auseinandersetzungen zwischen Israel und dem Gazastreifen
2010, 31. Mai	Die israelische Armee stoppt die «Gaza Freedom Flotilla». Dabei werden auf der *Mavi Marmara* neun Aktivisten getötet.
2012, 29. Nov.	Palästinas Status bei den UN wird zum «non-member observer state» aufgewertet.
2012, Dez.	Militärische Auseinandersetzungen zwischen Israel und dem Gaza-Streifen
2014, Juli/Aug.	Militärische Auseinandersetzungen zwischen Israel und dem Gaza-Streifen
2015, April	Palästina tritt dem Internationalen Strafgerichtshof bei.
2016, Dez.	Verabschiedung von Resolution 2334 durch den UN-Sicherheitsrat
2017, März	Israel genehmigt die erste neue Siedlung im Westjordanland seit zwanzig Jahren.
2017, 12. Okt.	Hamas und Fatah unterzeichnen ein Aussöhnungsabkommen. Die Umsetzung kommt jedoch in den Folgemonaten kaum voran.
2017, 6. Dez.	US-Präsident Trump erkennt Jerusalem als Hauptstadt Israels an. Präsident Abbas lehnt in der Folge amerikanische Friedenspläne und eine Vermittlung durch die USA als parteiisch ab.

2019, Jan.	Netanyahu beendet die Präsenz der internationalen Beobachtermission in Hebron.
2019, 25. März	US-Präsident Trump erkennt israelische Souveränität über die Golanhöhen an.

Demographische Entwicklung

Juden und Araber bzw. Palästinenser im (ehemaligen) Mandatsgebiet Palästina[1]

Jahr	Juden	Araber bzw. Palästinenser	Gesamtbevölkerung
1882[2]	15 000 (3,2 %)	453 000 (96,8 %)	468 000
1931[3]	174 000 (16 %)	865 000 (82 %)	1 057 000
1947[4]	608 000 (32,9 %)	1,20 Mio. (65,2 %)	1,85 Mio.
1967[5]	2,38 Mio. (63,8 %)	1,35 Mio. (36,2 %) davon in Israel[6]: 324 400 WBGS[7]: 955 000 OJ: 68 600[8]	3,73 Mio. (davon israelische Staatsbürger:[9] 2,78 Mio.)
1993	4,34 Mio. (60,6 %) davon Siedler:[10] 281 800 (etwa ein Fünfzehntel)[11]	2,82 Mio.(39,4 %) davon in Israel: 992 500 WBGS: 1,83 Mio.[12] OJ: 182 000[13]	7,16 Mio. (davon israelische Staatsbürger: 5,33 Mio.)
2000	4,96 Mio. (53 %)[14] davon Siedler: 387 859 (etwa ein Zwölftel)[15]	4,4 Mio. (47 %) davon in Israel: 1,18 Mio. WBGS: 3,01 Mio.[16] OJ: 208 700	9,36 Mio. (davon israelische Staatsbürger: 6,37 Mio.)
2018	6,55 Mio. (47,05 %) davon Siedler: 620 000[17]	6,75 Mio. (49,23 %) davon in Israel: 1,84 Mio. WBGS: 4,91 Mio.[18] OJ: 322 600[19]	13,71 Mio. (davon israelische Staatsbürger: 8,79 Mio.)

1 Alle Prozentangaben beziehen sich auf die Gesamtbevölkerung. Das demographische Verhältnis zwischen Juden und Arabern bzw. Palästinensern stellt einen zentralen Streitpunkt zwischen den Konfliktparteien dar. Daher werden statistische Angaben oft manipuliert, um zu belegen, dass die jeweilige Bevölkerungsgruppe aktuell bzw. historisch eine Mehrheit darstellt(e). WBGS: Westbank/Gaza-Streifen; OS: Ost-Jerusalem.

2 McCarthy, Justin (1990): The Population of Palestine: Population History and Statistics of the Late Ottoman Period and the Mandate. New York, Columbia University Press, S. 10.

3 Ebd., S. 36. Die Gesamtzahl enthält zusätzlich ca. 18 000 bzw. 2 Prozent «Andere». Zahlen basieren auf dem britischen Zensus von 1931, von McCarthy angepasst bzw. korrigiert.

4 United Nations Special Committee on Palestine (1947): Official Records of the Second Session of the General Assembly. Supplement No. 11. Report to the General Assembly, Volume 1. Lake Success, New York. <https://unispal.un.org/DPA/DPR/unispal.nsf/0/07175DE9FA2DE563852568D3006E10F3>. An 100 fehlende Prozente ergeben sich aus der Kategorie «Andere»; Ende 1946 35 000 (1,9 Prozent). Nicht gezählt wurden 66–90 000 vor allem in der

Negev-Wüste lebende nomadische Beduinen, die grundsätzlich der arabischen Bevölkerung zugerechnet würden.

5 Angaben zu Juden, Arabern in Israel sowie zu israelischen Staatsbürgern für die Jahre 1967, 1993, 2000 und 2018 aus: Israel Central Bureau of Statistics (2018): Statistical Abstract of Israel 2018: 2.1 Population, by Population Group, https://old.cbs.gov.il/reader/shnaton/templ_shnaton_e.html?num_tab=-st02_01&CYear=2018.

6 In den israelischen Statistiken beinhaltet die Angabe «Araber in Israel» bis 2000 ebenso die «Anderen», also diejenigen, die weder als Juden noch als Araber erfasst werden, wie nicht-arabische Christen, Bahai, Tscherkessen, etc.

7 Angaben zu WBGS und OJ stammen aus dem israelischen Zensus von 1967, der nach dem sogenannten Sechs-Tage-Krieg durchgeführt wurde. Die israelischen Behörden registrierten damals ausschließlich die anwesenden Personen. Die geflohene Bevölkerung wurde nicht mitgezählt und verlor ihr Aufenthaltsrecht.

8 Angaben für Araber in Ost-Jerusalem 1967, 2000 und für 2015 aus Jerusalem Institute for Israel Studies (2017): Statistical Yearbook. Population of Israel and Jerusalem, by Population Group, http://www.jerusaleminstitute.org.il/.upload/yearbook/2017/shnaton_C0117.pdf.

9 Ab 1968 enthalten die israelischen Statistiken auch die israelischen Siedler im Westjordanland, in Ost-Jerusalem und im Gaza-Streifen. Von 1972–1983 enthalten sie auch die israelischen Siedler auf dem Sinai, zuletzt rund 7000 Siedler.

10 Die Siedlerzahl erfasst Siedler im Westjordanland, in Ost-Jerusalem und im Gaza-Streifen. 2014 wurde auch die Siedlerbevölkerung auf dem Golan ausgewiesen (ca. 20 000).

11 Foundation for Middle East Peace (2012): Comprehensive Settlement Population 1972–2011. <http://fmep.org/resource/comprehensive-settlement-population-1972–2010/>

12 Palestinian Central Bureau of Statistics (1994): Demography of the Palestinian Population in the West Bank and Gaza Strip. (Current Status Report Series No. 1), S. 27. Zahlen basieren auf Hochrechnungen, ausgehend vom Zensus von 1967

13 The Jerusalem Institute for Israeli Studies (2015): Statistical Yearbook of Jerusalem, http://www.jiis.org.il/.upload/yearbook/2015/shnaton_C0115.pdf. Zahl von 1995

14 Die Divergenz zwischen Gesamtbevölkerung und Anteil der Juden und Araber erklärt sich durch die Kategorie «Andere» (vgl. Fn. 4). Ihre Zahl lag 2000 bei 225 200 bzw. 3 Prozent der Gesamtbevölkerung.

15 Foundation for Middle East Peace (2012): Comprehensive Settlement Population 1972–2011. <http://fmep.org/resource/comprehensive-settlement-population-1972–2010/>

16 Palestinian Central Bureau of Statistics (2003): Palestine in Figures 2002, http://www.pcbs.gov.ps/Downloads/book894.pdf

17 B'Tselem (2017): http://www.btselem.org/settlements/statistics, Zahlen für Ende 2017

18 Palestinian Central Bureau of Statistics (2018): Palestine in Figures 2018, https://pcbs.gov.ps/Downloads/book2421.pdf.

19 Angaben für Ende 2016, Jerusalem Institute (2018): Statistical Yearboook of Jerusalem 2018, Table III/1 http://www.jerusaleminstitute.org.il/.upload/yearbook/2018/shnaton_C0118.pdf.

Ausgewählte Literatur und Filme

Sachbücher

Baumgarten, Helga: Kampf um Palästina – Was wollen Hamas und Fatah?, Freiburg 2013

Breaking the Silence. Israelische Soldaten berichten von ihrem Einsatz in den besetzten Gebieten, Berlin 2012

Bunzl, John: Israel im Nahen Osten. Eine Einführung, Stuttgart 2008

Gorenberg, Gershom: Israel schafft sich ab, Frankfurt a. M. 2012

Hagemann, Steffen: Die Siedlerbewegung: Fundamentalismus in Israel, Schwalbach am Taunus 2010

Hass, Amira: Gaza. Tage und Nächte in einem besetzten Land, München 2003

Johannsen, Margret: Der Nahost-Konflikt, Wiesbaden ^{3}2011

Pappe, Ilan: Die ethnische Säuberung Palästinas, Berlin 2014

Sand, Shlomo: Die Erfindung des Landes Israel. Mythos und Wahrheit, Berlin 2014

Segev, Tom: Die ersten Israelis. Die Anfänge des jüdischen Staates, München 2010

–: 1967: Israels zweite Geburt, München 2009

Shabi, Rachel: Wir sehen aus wie der Feind, Berlin 2009

Shavit, Ari: Mein gelobtes Land. Triumph und Tragödie Israels, München 2015

Wasserstein, Bernard: Israel und Palästina. Warum kämpfen sie und wie können sie aufhören?, München 2009

Zuckermann, Moshe: Israels Schicksal. Wie der Zionismus seinen Untergang betreibt, Wien 2014

Fiktion, Graphic Novels und (Auto-)Biographien

Delisle, Guy: Aufzeichnungen aus Jerusalem, Berlin 2012

Gavron, Assaf: Auf fremdem Land, München 2015

Grossmann, David: Eine Frau flieht vor einer Nachricht, München 2009

Habibi, Emil: Der Peptimist. Oder von den seltsamen Vorfällen um das Verschwinden Saids des Glücklosen, Basel 1992

Kanafani, Ghassan: Männer in der Sonne, Basel 2008 (Original auf Arabisch 1963)

Kaniuk, Yoram: 1948, Berlin 2013

Kashua, Sayed: Da ward es Morgen, Berlin 2005

Keret, Etgar/Samir El-Youssef: Alles Gaza. Geteilte Geschichten, München 2006

Koestler, Arthur: Diebe in der Nacht, Berlin 2016 (Original auf Englisch, 1946)

Leavitt, June: Hebron, Westjordanland: Im Labyrinth des Terrors. Tagebuch einer jüdischen Siedlerin, Berlin 1996

Nusseibeh, Sari/mit Anthony David: Es war einmal ein Land. Ein Leben in Palästina, Frankfurt 2009

Oz, Amos: Eine Geschichte von Liebe und Finsternis, Frankfurt [9]2008
Sacco, Joe: Palästina, Zürich 2009

Filme

Abu-Assad, Hany: Paradise Now, 2005. – *Spielfilm über die Motive und Zweifel zweier junger Palästinenser aus dem Westjordanland, die einen Selbstmordanschlag in Israel planen.*

Alexandrowicz, Ra'anan: Das Recht der Macht (The Law in These Parts), 2011. – *Dokumentarfilm über die Besatzung und den Widerspruch zu Rechtstaatlichkeit und Demokratie.*

Burnat, Emat/Guy Davidi: 5 Broken Cameras, 2011. – *Dokumentarfilm über die Protestbewegung gegen die Sperranlagen in Bil'in im Westjordanland und über die Auseinandersetzung zwischen palästinensischen Einwohnern, Siedlern und Armee.*

Copti, Scandar/Yaron Shani: Ajami, 2009. – *Spielfilm über das spannungsgeladene Zusammenleben von Muslimen, Christen und Juden im Ajami-Viertel in Jaffa/Tel Aviv.*

Feldman, Yotam: The Lab, 2013. – *Dokumentarfilm über die Verflechtung der israelischen Armee, der Rüstungsindustrie und der israelischen Regierung.*

Folman, Ari: Waltz with Bashir, 2008. – *Trickfilm auf Basis von Interviews über die israelische Libanonoffensive 1982, die Massaker in Sabra und Schatila und deren Verdrängung in der israelischen Gesellschaft.*

Khleifi, Michel/Eyal Sivan: Route 181: Fragmente einer Reise in Palästina-Israel, 2003. – *Dokumentarfilmsammlung, in der die beiden Regisseure, ein Israeli und ein Palästinenser, durch Interviews mit den lokalen Anwohnern den Alltag auf beiden Seiten des geteilten Landes zeigen. Dabei folgen sie der durch die Teilungsresolution der UN (Resolution 181) von 1947 vorgesehenen Grenzziehung.*

Moreh, Dror: Töte zuerst (The Gatekeepers), 2012. – *Dokumentarfilm mit Interviews der sechs ehemaligen Chefs des israelischen Inlandsgeheimdienstes über dessen Vorgehen in den besetzten Gebieten.*

Riklis, Eran: Die syrische Braut, 2004. – *Spielfilm über die Lebenswirklichkeit der Drusen auf dem israelisch besetzten Golan und ihre Verbindungen zu den Drusen in Syrien.*

Riklis, Eran: Lemon Tree, 2008. – *Spielfilm über den israelisch-palästinensischen Konflikt, illustriert anhand der Auseinandersetzungen über einen Zitronenhain im Westjordanland, der weichen soll, als der israelische Verteidigungsminister auf die andere Seite der Grünen Linie zieht.*

Schnabel, Julian: Miral, 2010. – *Spielfilm auf Basis des Romans der palästinensischen Autorin Rula Jebreal, der den Konflikt Ende der 1980er-Jahre anhand der Geschichten dreier Palästinenserinnen in Jerusalem illustriert.*

Suleiman, Elia: Divine Intervention, 2002. – *Spielfilm mit fantastischen Elementen über das palästinensische Leben in Nazareth (Israel) und im Westjordanland.*

Personenregister